ONDA AZUL

Copyright do texto © 2016, João Paulo Pacifico

Dados Internacionais de Catalogação na Publicação (CIP)
(eDOC BRASIL, Belo Horizonte/MG)

P117o
    Pacifico, João Paulo; 1978.
    Onda azul: 5 passos para inspirar pessoas e fazer o mundo melhor /
João Paulo Pacifico. — São Paulo (SP): Trilha das Letras, 2016.

    200 p.: 16 x 23 cm
    ISBN 978-85-62472-20-6

    1. Liderança. 2. Motivação (Psicologia). 3. Sucesso. I. Título.

CDD-158.1

Preparação de originais: Lilian Jenkino
Revisão: Isabel Ferrazoli
Capa: Lucas B. Pacífico
Projeto Gráfico: Isabela A. T. Veras
Diagramação: Fabricando Ideias Design Gráfico
Imagens/fotografias: Sagarana Comunicação
Impressão: HRosa gráfica

A renda obtida com os direitos autorais deste livro será doada para a Gaia+, organização não governamental ligada à educação, que possibilita a crianças e jovens em vulnerabilidade social atingir suas potencialidades e construir um mundo melhor.

Todos os direitos reservados à Editora Trilha das Letras Ltda.
Estrada do Sabão n. 781 – sala 2 – 02806-000 – São Paulo – SP - Brasil / Tel.: (11) 3976-3491
E-mail: trilhadasletras@trilhadasletras.com.br – www.trilhadasletras.com.br

ONDA AZUL

JOÃO PAULO PACIFICO

5 passos para inspirar pessoas
e fazer o mundo melhor

Gaia+ Livros

Trilha das Letras

Dedico este livro

a Deus, que colocou no meu caminho pessoas tão maravilhosas;
às pessoas maravilhosas que Deus colocou no meu caminho;
em especial, às minhas amadas Carol, Biazinha, Lelê e a toda
a minha família querida!

O que virá pela frente...

Este livro conta a história de uma empresa que quis fazer diferença no mundo e se transformou em um conglomerado que abrange uma série de empreendimentos. Contrariando o que dizem os ensinamentos tradicionais de administração, nós, da Gaia, ao longo da nossa existência de sete anos, atuamos em áreas completamente distintas, como mercado financeiro e organização de corridas, ramo imobiliário e do agronegócio, cobrança e educação.

No mercado financeiro, o hábito é caçoar, com certo orgulho, daquele que vai para casa às onze horas da noite, pois quem faz isso é o primeiro a sair do trabalho. Na Gaia, incentivamos que as pessoas façam duas horas de almoço para que possam praticar um esporte nesse intervalo. Em vez de alimentar a competição interna, premiamos a colaboração e a ajuda mútua. Acreditamos que as empresas têm um papel social para o desenvolvimento da sociedade.

Este livro é dividido em 5 passos, os quais não formulamos antes de abrirmos a Gaia. Eles foram sendo descobertos à medida que as coisas iam acontecendo na minha vida como empresário. Ou seja, são passos que foram se esclarecendo durante a vida prática. É claro que essa trajetória foi muito ajudada por experiências anteriores, obtidas principalmente nos livros. Ao contar aqui nossa história, nossos acertos, dúvidas e erros, quero proporcionar a você, assim como outros livros proporcionaram a mim, as ferramentas para que sua jornada seja ainda mais bem-sucedida.

O primeiro passo de uma empresa é a sobrevivência. "Como assim?", você me pergunta. E o plano de negócios? E o planejamento de dez anos? Seja simples, digo eu. Não adianta pensar que vai mudar o mundo se você não conseguir o básico, que é conquistar os primeiros clientes em um modelo de negócios que faça sentido.

Na Gaia, começamos bem pequenos: éramos três pessoas sem dinheiro. Antes de montar a empresa, consultei alguns possíveis clientes e conseguimos um que nos sustentaria pelo período de um ano. No segundo dia da empresa, esse cliente desistiu do negócio. Isso não foi exatamente ruim, e você entenderá o motivo mais adiante.

Antes de completarmos um ano de vida, nos foi oferecida a oportunidade de vender a empresa por alguns milhões. Não esperávamos por isso, foi algo totalmente impensado e não planejado, mas fomos fortes e resistimos à tentação. Seguimos o nosso rumo. Hoje, tenho a certeza de que foi a decisão mais acertada.

Depois de alcançar sua sobrevivência, o segundo passo para uma empresa é criar um ambiente saudável. Assim como os seres humanos, uma empresa saudável terá mais condições de prosperar. Todo mundo gosta de estar em um ambiente leve, descontraído e divertido. Ou você prefere trabalhar em um lugar onde ninguém tem vida além do escritório? Se uma empresa precisa de funcionários que abdiquem de sua vida para prosperar, não é uma empresa saudável. É algo relativamente óbvio, mas, por algum motivo (que nunca compreendi), muitas empresas ainda não perceberam. O segundo passo, portanto, é este: criar uma atmosfera que proporcione saúde à empresa, que faça bem às pessoas. Acredito que na Gaia alcançamos isso em 2011. Naquele ano, antes do que eu esperava, nos tornamos os maiores do Brasil, e no ano seguinte entramos no agronegócio, algo completamente inimaginável algum tempo antes. Penso que esses acontecimentos se devem, em grande parte, por termos criado um ambiente saudável em nossa empresa.

Em seguida, veio o terceiro passo. Tendo a nossa sobrevivência e a nossa saúde construídas, fomos em busca de um ambiente feliz.

Diz-se que felicidade é o objetivo final de todos. No entanto, a meu ver, há algo de errado nessa concepção. A felicidade não é um ponto final, ela deve estar no caminho, nas ações do dia a dia, e não apenas na chegada. Em 2013, nossa grande meta, além de nos manter financeiramente e continuar gerando um ambiente saudável, era ter um ambiente muito feliz dentro da empresa. Para isso, aplicamos várias ferramentas da psicologia positiva no nosso cotidiano e fizemos um trabalho enorme com o que passaria a ser a coisa mais importante da Gaia, os nossos *valores*.

Ao definir os valores da empresa, tivemos a "formalização" do nosso jeito de ser. Isso não tira a individualidade e as características de cada um, porém fortalece a identidade da empresa, a sua cultura. Os valores criam a certeza de que, independentemente de quem estiver lá, os preceitos serão sempre os mesmos. A definição, a aplicação e a vivência dos valores são o principal segredo do sucesso de uma empresa no longo prazo.

O quarto passo é definir o propósito. Afinal, qual a razão da existência de uma empresa? Estando isso claro para todos, as coisas fluem melhor. Da maneira que vejo, todos devemos ter uma meta nobre na vida. Essa meta nobre certamente não deve ser ganhar dinheiro. O mesmo vale para uma empresa: ela não deve ter o dinheiro como meta final. O lucro é vital para pessoas e empresas, porém é a consequência de um trabalho bem feito e não deve ser buscado a qualquer custo.

No ano de 2014 tivemos algumas das maiores dificuldades da nossa história e corremos o risco de ter de fechar tudo. Foi quando, empiricamente, descobrimos e aplicamos a Onda Azul. São três passos que nos proporcionaram a mudança da rota e superação das dificuldades. Dessa forma, terminamos o ano com grandes marcos, como o prêmio de empresa com o melhor relacionamento com funcionários do país, além de nos tornarmos líderes no agronegócio.

O quinto passo é a retribuição para a sociedade: semear coisas boas para o coletivo. Inspirados em um livro do qual falarei mais adiante, montamos uma ONG, cujo primeiro projeto visa causar forte impacto positivo em crianças carentes pela educação, com o ensino de técnicas de comunicação e raciocínio lógico, além de incentivo a brincadeiras e meditação. Além do ensino, o projeto oferece almoço e lanche diários. Após um primeiro ano muito bem-sucedido, com cerca de sessenta crianças, desenvolvemos um segundo projeto para atingir quatro mil estudantes que vivem em condições desfavoráveis. É absolutamente fantástico poder ver o trabalho de uma empresa sendo revertido para a sociedade e proporcionando um futuro melhor para crianças que não tiveram oportunidades. Como disse, foi um livro que nos inspirou nesse projeto. Livros têm uma grande vantagem: economizam alguns anos de tentativas e erros. Por isso resolvi escrever este. Ao final, encerramos debatendo sobre algo que todos querem, mas poucos conseguem definir: o que é sucesso para você?

No Apêndice 1, falo sobre "o jeito Gaia de fazer" e apresento uma compilação de todas as ideias expostas ao longo dos capítulos, como: a ideia de trocar bônus por prêmio e a avaliação tradicional por outra muito mais eficaz, que chamamos de "comunique-se"; a maneira como proporcionamos a todos os funcionários com dois anos de empresa que se tornem sócios... E muitas outras coisas que tenho certeza de que serão úteis para você.

Tenha uma ótima leitura!

João Paulo Pacifico

Quem sou...

É sempre bom saber com quem estamos falando. Vou começar com a parte mais difícil: me apresentar.

Natação foi a minha primeira "profissão". Duas vezes por semana, eu acordava às 4 da manhã e às 4h45 estava na piscina do Clube Pinheiros, na cidade de São Paulo, treinando mesmo no inverno. Sempre fui magro, o que potencializava o frio que sentia. Tirava a roupa, já com a sunga por baixo, saía correndo e pulava na piscina. Os primeiros 50 metros eram como se eu estivesse disputando as Olimpíadas. Respirava o mínimo possível para tentar esquentar o corpo. Depois desse primeiro treino eu ia para a escola; à tarde, tinha mais uma sessão de exercícios e piscina.

Para os padrões esportivos, eu era um nadador mediano. Mas continuava com os treinos mesmo assim. Já, em comparação com os amigos da escola, eu era bom. Isso pouco valia, mas nunca cogitei não ir aos treinos. Mesmo não conquistando títulos expressivos, estava sempre lá. Eu achava que um dia poderia ser bom de verdade. Tinha muita força de vontade e era determinado. Nadar diariamente (exceto aos domingos) por mais de dez anos seguidos construiu uma base mental forte. Não serviu diretamente para me tornar um atleta, mas foi fundamental para outros aspectos da minha vida.

Nas férias, entre meus 15 e 20 anos, eu animava as crianças organizando brincadeiras, apitando jogos, servindo jantares, fazendo teatro e me vestindo de monstro em caçadas noturnas. Minha mãe, Naira, tinha um acampamento infantil, o "Acampamento 5 Enes", que ficava no sítio dos meus avós. Esse era o nosso destino em julho e em janeiro, nas férias da natação e da escola.

Chegamos a ter noventa crianças em cada temporada. Em dezembro, algumas empresas faziam a festa de final de ano no sítio e, nessas ocasiões, além de apitar jogos de futebol, eu cantava os números no bingo dos funcionários. Apesar de tímido, fazia isso muito bem.

Imagine ter de distrair dezenas de crianças de várias idades enquanto outros monitores estão preparando a próxima brincadeira. Não há faculdade que proporcione tamanha capacidade de improvisação. Alguns dizem que às vezes me confundo e acho que estou no acampamento, enquanto na realidade estou na empresa. Sempre que falo em público procuro passar bastante empolgação, o que é um resultado da vivência no acampamento.

Na escola, nunca estudei muito, visto que a minha prioridade era a natação. Mas tinha facilidade em aprender. Procurava aproveitar o máximo possível o pouco tempo que sobrava para fazer lição e estudar. Como conseguia tirar notas boas, meus pais nunca me cobraram muito e sempre me apoiaram em relação às coisas que eu queria fazer.

Considero que não ter tido muita cobrança foi extremamente importante para mim. A pressão para não errar limita muito o ser humano.

Por causa dos esportes, nunca fui de beber. Afinal, como já disse, eu queria ser bom, e a bebida é pouco compatível com a busca por excelência num esporte. Na adolescência, quando os amigos passavam da conta na bebida, eu ajudava a cuidar deles. Por conta do acampamento, aprendi a improvisar, a ser desinibido, e nunca precisei da bebida para dançar e me divertir.

Com 17 anos, em um jogo de truco na praia, encontrei Carol, minha companheira. Muitos dirão que é cedo, mas acredito que nunca é cedo quando se trata da pessoa certa. Depois de nove anos namorando, nos casamos. Na festa, Carol entrou cantando Ivete Sangalo enquanto eu fingia que tocava violão. Anos depois, a felicidade que sempre tivemos no nosso dia a dia se materializou com o nome de Beatriz e a alegria, com o nome de Letícia.

Tive a sorte de ter os dois melhores irmãos que alguém poderia ter. Apesar de oito anos mais novo, Dudu é o meu melhor amigo e um ídolo para mim. Gabi é a minha melhor amiga e o amor em forma de pessoa.

Ambos também casaram com pessoas especiais: Carolzinha e Anderson. Sobre meus pais, Paulo e Naira, tudo o que sou credito a eles. Criaram meus irmãos e eu com muito amor. Eram eles que me levavam nos treinos da madrugada (nunca ouvi uma reclamação). Dedicaram tudo o que estava ao seu alcance para que pudéssemos ter boa educação. Vou parar por aqui, pois acho que essa é a base para entenderem de onde vim, apesar de poder ficar um livro inteiro falando de pessoas que me ajudaram.

Aprendi desde cedo a amar, a me dedicar, a superar derrotas, a lutar e a me divertir.

Entrei na faculdade de engenharia. Um dia fui com um grande amigo de faculdade visitar uma fundição. Para quem não conhece, fundição é o terror em forma de empresa. Eles pegam barras de ferro e as esquentam muito até virar lava, como aparece naqueles desenhos animados do inferno. Assustado, perguntei para o responsável por nos guiar na empresa se alguém já tinha morrido ali. "É claro que sim", ele respondeu. Naquele momento decidi que não trabalharia com engenharia, apesar de ainda estar no segundo dos cinco anos da faculdade.

No terceiro ano da faculdade resolvi que iria trabalhar e fui fazer entrevistas para estágio, priorizando o que não era ligado diretamente à engenharia. Em todas as entrevistas eu achava que havia passado e conseguiria a vaga, o que era uma mistura de prepotência com otimismo. No começo, até escolhia para onde enviaria meu currículo. Mas, como ninguém me chamava, passei a não ser tão seletivo e a entrar em contato com vários lugares. Mesmo assim, nada de ser selecionado. Meu avô, Nelson, provavelmente por pena, me chamou para ajudá-lo a fazer a planta de uns imóveis que estavam em processo de usucapião. Ele nunca deve ter usado esse meu trabalho, mas eu me sentia útil e sou grato a ele.

Até que em novembro de 1999, com recém-completados 21 anos, depois de quase um ano e dezenas de tentativas frustradas de começar a trabalhar, Paulo Bilyk, que havia trabalhado com meu pai, me convidou para trabalhar na empresa que estava montando com Luis Cláudio Garcia de

Souza (ex-sócio do Banco Pactual) e Gustavo Franco (ex-presidente do Banco Central). Óbvio que aceitei.

Descobri meu salário já depois de um mês trabalhando na empresa. Mas isso era detalhe, já que eu vinha tendo como professores dois ex-banqueiros e um ex-presidente do Banco Central. Eu dava caronas no meu Uno Mille (sem ar-condicionado, com vidros manuais e direção convencional) para Gustavo Franco, que me contava como foi a criação do Plano Real.

Em um dos meus primeiros dias de trabalho, olhei o balanço de uma empresa e comentei, impressionado, com o meu chefe: "Olha isso! O ativo e o passivo desta empresa são iguaizinhos, até nos centavos". Ele, pacientemente, me explicou que sempre são iguais. Tive a sorte de ter em meu caminho grandes mestres como esses, com os quais aprendi a aprender.

Agora que você já sabe quem sou, quero dividir com você os diversos aprendizados que tive até hoje, fruto de meus estudos e da minha vivência como empreendedor. Tais lições não são exclusivas para quem deseja montar um negócio. Elas podem ser úteis e inspirar todos aqueles que participam de um grupo social, seja ele uma empresa, uma ONG ou uma família.

Passo 1:

Montando empresas que sobrevivem

No meio da crise, montei uma empresa no setor que havia sido o responsável pela crise. Até parece coisa de louco, mas, bem, era o que eu sabia fazer.

2009:

Da crise para uma empresa

O começo

Réveillon de 2009. Eu e minha esposa estávamos passeando na Disney. Não sei por qual motivo (talvez pela capa), resolvi comprar o livro *Business Stripped Bare*, escrito por Richard Branson, que eu não sabia quem era. Àquela altura, não imaginava como aquele livro seria a inspiração para o maior passo profissional da minha vida.

Mais tarde descobri. Branson foi o primeiro homem no mundo a criar empresas em sete setores diferentes que atingiram mais de US$ 1 bilhão de receita. No total, ele montou mais de quatrocentas empresas, que vão de companhia aérea, operadora de celular, academia de ginástica, gravadora de discos a banco. O segredo, segundo ele, era fazer tudo da mesma forma, do mesmo jeito, independentemente do ramo de atuação. Algo muito diferente do *foco-foco-foco* pregado pelos livros de administração. Além disso, fiquei impressionado com o fato de aquele sujeito que criara tanta coisa importante ter cara de garoto. Ele não tirava o sorriso do rosto, e ainda era disléxico. Fiquei encantado com o livro e seu autor.

Naquele *réveillon* mesmo decidi que iria empreender. Queria me inspirar em Richard Branson e montar um grupo de empresas bacanas. De maneira que sou muito grato a esse inglês que não faz a menor ideia de que eu existo!

De volta à realidade no Brasil, a minha rotina era trabalhar em um banco. Certo dia um amigo me mostrou uma oportunidade de negócio enquanto almoçávamos. Pensei um pouco e disse: "Me parece muito interessante, Alexandre, mas não faz parte do foco do banco realizar essa operação". Ele replicou: "Pense e voltamos a falar". Como uma faísca que acende um motor, essa ideia trouxe à tona o meu plano de empreender! Se montasse uma empresa, eu conseguiria fazer o negócio, já nascer com um cliente e com receita!

A primeira angústia de empreendedor veio nesse momento. "E agora? Peço demissão e me jogo no mundo?" Dois fatores contribuíram demais para eu não ficar muito tempo com esse questionamento. Apesar de não ter dinheiro, a nova empresa seria custeada por aquele primeiro negócio, e, em casa, Carol, minha esposa, tinha um emprego estável que conseguiria segurar as contas por um tempo.

Segundo o livro *Originals*, empreendedores que mantêm o emprego anterior no início da nova empresa têm 33% mais chances de dar certo. Com a segurança da fonte de renda eles tendem a arriscar mais. Nike, Apple e Google são exemplos disso. Certamente, a segurança que Carol me deu foi muito importante para sair arriscando.

Montar uma empresa para atuar no mercado financeiro exige certa burocracia que iria consumir pelo menos quatro meses. Eu não tinha dinheiro para me bancar por esse tempo. Precisava faturar. Mais uma vez, Alexandre colaborou muito e encontrou um grupo que tinha uma empresa regularizada junto à CVM (Comissão de Valores Mobiliários), mas que ainda era pré-operacional. Exatamente do que eu precisava.

Chamei uma amiga que trabalhava comigo para ser sócia. Compramos a empresa. Pagamos barato, pois era uma empresa sem nada, não tinha ativos nem funcionários, apenas autorização para funcionar. O nome da empresa era Gaia Securitizadora. Eu não sabia o que aquilo significava, apesar de, à primeira vista, ter achado o nome interessante. Quando fomos pesquisar — que grata surpresa! —, o nome tinha tudo a ver conosco. Gaia era a deusa da Terra. Há ainda a Hipótese Gaia, que afirma que a Terra, com suas interações entre organismos e meio abiótico, age como um grande ser vivo.

O nome tinha a nossa cara! Sou vegetariano, fiz mais de oito anos de Swásthya Yôga e pratico meditação. Achei que o nome *Gaia* se relacionava muito bem com esse meu lado mais alternativo.

Assim, a empresa estava bem engatilhada. Tínhamos então de enviar a proposta para aquele negócio que Alexandre me apresentou, e que foi a faísca que motivou a mim e minha amiga-sócia a empreender. Estando tudo certo com a empresa, o próximo passo para ter o mínimo de credibilidade era ter um logo. Ligamos no final da tarde para um gênio chamado Lucas, sócio da agência de publicidade Sagarana e meu primo, e pedimos um logo azul, que representasse inovação, credibilidade, solidez, transparência e que remetesse à Gaia, mãe-terra. Muitos elementos, nada fácil conjugar isso tudo, mas é para isso que temos os publicitários. Após uma noite em claro, ele nos apresentou doze opções de logo, e nos apaixonamos por um deles.

Pouco depois enviamos a proposta de negócio e o cliente assinou. Esse primeiro negócio se tratava de estruturarmos uma operação financeira para um grande investidor que iria comprar um banco (mais adiante explicarei melhor). Pedimos demissão do nosso emprego. No dia 18 de março de 2009, começava a funcionar a GaiaSec!

Com a receita do negócio, poderíamos aguentar um ano de despesas e ter a tranquilidade financeira para aplicar a nossa estratégia de montar um grupo de empresas, seguindo a trilha aberta por Richard Branson.

O primeiro não

Alugamos uma sala bem pequena na Avenida Paulista. No primeiro dia, éramos três: eu, minha sócia e um funcionário que trabalhava conosco. Dividíamos todos uma mesa, o local não devia ter mais do que seis metros quadrados. Compartilhávamos os serviços de secretária, telefonia e rede com outras empresas que também alugavam salas no mesmo andar.

No segundo dia de empresa fui para o Rio de Janeiro a fim de fazer uma reunião com o nosso primeiro cliente, aquele que viabilizaria o nosso caixa por um ano. Encontrei com ele, que foi direto ao ponto: "João, repensamos a nossa estratégia e decidimos não seguir com a operação. Chamamos você aqui no Rio, pois queríamos falar isso pessoalmente". Esse era o nosso potencial primeiro cliente, e ele me contava isso com um tom de "eu estou sendo legal".

Mal sabiam eles que aquele negócio havia sido a faísca para que eu tomasse a decisão de abrir a empresa e, pior, que contava com aquele recurso para pagar as contas do primeiro ano. Assim, terminamos o segundo dia de empresa sem cliente, ou melhor, já perdendo o primeiro cliente, e sem dinheiro. Ali tive a primeira lição que serve para a vida de qualquer empreendedor: seja resiliente. Entendo resiliência como a capacidade de enfrentar adversidades e recompor-se rapidamente.

Poderíamos ficar lamentando o ocorrido, mas a nossa empolgação era tanta, que mesmo esse primeiro baque foi assimilado sem demora. Logo estávamos pensando nos próximos negócios.

Quando está muito focado em algo, você fica cego para outras coisas, o que muitas vezes é bom. Nós estávamos criando uma empresa, uma empresa do mercado financeiro, sem dinheiro, sem cliente, e isso tudo no meio da crise, que, por sinal, como já falei, tinha sua origem justamente no nosso setor, apesar de não acontecer no Brasil, mas nos Estados Unidos.

O tempo nos mostrou que foi muito bom esse primeiro negócio não ter dado certo.

Durante algumas semanas ficamos cobrando a multa pelo cancelamento do contrato que eles haviam assinado. Falavam que iriam pagar, emitíamos a nota e não pagavam. Até que um belo dia, pesquisando um pouco mais, descobrimos o passado daquelas pessoas. Estavam sendo investigadas e tinham bens bloqueados por suspeita de operações ilícitas. "Que sorte ter dado errado!", nós comemoramos ao chegarem essas informações. Resultado: nunca mais cobramos a multa. Nem mesmo os aceitei como amigos no LinkedIn.

Esses caras não sabem como nos ajudaram (e sou verdadeiramente grato a eles). Foram os responsáveis também pela nossa segunda lição: conheça as pessoas com quem você faz negócios, pois, mesmo que você seja bem-intencionado, poderá ficar marcado por ter feito algo com "fulano" que pode estar metido em coisas erradas, e vai dar um algum trabalho provar que o seu negócio era sério.

Aprendemos e assim pudemos estar mais bem preparados para o futuro que viria. Saber lidar com as adversidades é uma das principais características que um empreendedor deve ter. Um conceito, apresentado pelo reconhecido psicólogo norte-americano Martin Seligman, diz que, mais importante do que o fato em si, é como explicamos para nós mesmos o que aconteceu.

O segundo negócio

Muito mais importante do que fazer um plano de negócios é traçar a estratégia. Nunca acreditei em projeções superdetalhadas, mas sempre me interessou pensar em tendências e rumos.

Ao montar a Gaia, tracei metas bem simples: (i) fazer negócios, afinal, além de ter de pagar as contas, precisávamos mostrar serviço; (ii) estar próximo de empresas com credibilidade. Ao aparecer ao lado de instituições com boa reputação, automaticamente as pessoas criam uma boa referência da sua empresa.

Comecei entrando em contato com meus antigos chefes e empregadores. Tenho a sorte de eles terem sido sempre muito bacanas e de termos mantido ótimas relações. Há uma expressão em inglês – *Don't burn bridges* (em português: "não queime pontes") – que significa não cortar as relações, pois, ao queimar uma ponte, você não consegue mais atravessá-la. É muito importante manter boas (e verdadeiras) relações com o máximo de pessoas.

Uma dessas pessoas é Nick, na época presidente da incorporadora imobiliária Brookfield e que foi meu chefe por cerca de três anos. Juntos havíamos tido ótimas experiências e criado uma relação de confiança e respeito. Fomos almoçar e tentei convencê-lo a captar dinheiro através da securitização. Não sei se por gentileza ou por estar convencido, ele me colocou em contato com o diretor financeiro da incorporadora. Eu já tinha feito negócios com a turma da Brookfield quando trabalhava em outras empresas e conhecia alguns executivos, o que facilitou as negociações e gerou credibilidade para que nos levassem a sério.

Quando chegamos à reunião, eles disseram de forma enfática: "Com tal securitizadora e com tal empresa de cobrança não trabalhamos mais". Para a nossa sorte, tinham tido uma péssima experiência com um concorrente, o que nos oferecia uma bela oportunidade, mas também revelava uma enorme responsabilidade. No fim, conseguimos convencê-los a fazer uma operação de pouco mais de R$ 80 milhões.

Apresentamos a operação a Valdery, executivo do Banco Fator, que eu havia acabado de conhecer, mas que depois virou um ótimo colega. Valdery tem experiência no mercado imobiliário, já havia sido presidente de dois grandes bancos e estava precisando de produtos para vender aos seus investidores.

Tínhamos o produto e precisávamos dos investidores, eles precisavam de produto e tinham os investidores. Juntamos a fome com a vontade de comer. Estar no lugar certo na hora certa facilita muito as coisas. O Banco Fator aceitou entrar no negócio e vender o CRI para os seus investidores.

Explicando o nosso produto

Vou interromper brevemente a história para explicar o que é esse tal de CRI.

Imagine que várias pessoas compraram apartamentos da Brookfield e optaram por pagar em prestações divididas em 120 meses. A Brookfield leva 36 meses para construir o imóvel, então, mesmo depois de entregue, a empresa ficará recebendo parcelas por mais 96 meses.

Como o negócio dela é construir e não ser banco, ela prefere receber isso à vista. É aí que entra a securitização e o CRI. A Gaia compra os contratos e esses clientes passam a pagar as parcelas para nós. Mas como a Gaia compra isso?

Nós emitimos um título, chamado Certificado de Recebíveis Imobiliários (CRI), e vendemos para os investidores, e então usamos esse dinheiro para comprar da Brookfield os contratos com as parcelas.

Mensalmente, aquelas pessoas que estão adquirindo os apartamentos pagam as parcelas para a Gaia, e aí a Gaia transfere os recursos para os investidores. Lembrando que, quando montamos a operação, a construtora recebe adiantado dos investidores as parcelas que os clientes vão pagar nos próximos anos.

Esse é um dos tipos de CRI. Há também CRI para financiar *shopping center*, havendo no caso antecipação dos aluguéis, e CRI para financiar empresas que possuem imóveis.

Voltando ao negócio...

O Banco Fator, que foi contratado para vender os CRIs, organizou um café da manhã com investidores selecionados para mostrar o produto. O investimento mínimo era de R$ 300 mil, então somente investidores com alto poder aquisitivo compareceram. Era uma oportunidade para eu apresentar a Gaia.

Na rápida palestra, apresentei a GaiaSec com bastante empolgação (não tinha muito que falar) e enfatizei que havíamos entrado no mercado recentemente e que nosso objetivo era ser um dos maiores do país. Os participantes devem ter achado aquelas palavras um pouco arrogantes, mas realmente era onde queríamos chegar, e acreditávamos nisso.

Mas esse não foi o primeiro negócio. Durante o processo de montagem desse CRI, conversei com o meu último empregador, o Banco Matone, que nos contratou para fazer uma operação com seus financiamentos imobiliários. Enquanto a operação da Brookfield era de mais de R$ 80 milhões, a do Matone era de pouco mais de R$ 20 milhões.

Podem parecer muito os R$ 20 milhões, mas CRI desse volume é considerado pequeno, e muitas vezes nem compensa fazer. O que acontece não é que ganhamos R$ 20 milhões. Trata-se de uma espécie de intermediação onde o investidor paga vinte milhões e pouco e passamos vinte milhões para a outra parte e ganhamos o "pouco". Dependendo do volume, esse "pouco" pode acabar sendo muito.

Queríamos publicidade. Convencemos o Matone a contratar uma agência de *rating* (que determina qual é o risco) para dar uma nota para a operação. Normalmente operações desse tamanho não têm análise de *rating*, mas essa recebeu a nota máxima, a melhor possível. Surpreendente!

Convencemos o Matone a fazer um anúncio bem grande no jornal, algo obrigatório por lei, mas não do tamanho que colocamos. Fizemos página dupla no meio do jornal. Ficou até engraçado, pois ao virar as páginas do nosso anúncio havia outro em seguida, e esse era de uma operação de mais de R$ 200 milhões, um valor muito mais alto do que o da nossa, mas o anúncio deles ocupava um quarto do tamanho do nosso. De modo que talvez tenhamos exagerado. Mas era exatamente do que precisávamos. A publicidade era importante para o Matone, que estava numa situação um pouco complicada, e para o Fator também, pois era marketing para o banco. Mas o maior logo no anúncio era o da Gaia. Viva!

Assim, o primeiro negócio da Gaia foi o CRI do Matone, que conseguiu a nota máxima da Fitch Ratings, isto é, AAA, o menor risco possível para um investimento no país. Para uma empresa iniciante, termos montado uma operação com essa nota foi algo muito significativo.

Esse CRI foi vendido pelo Fator, mas não foi nada fácil. Depois de várias tentativas, um grande banco comprou o CRI. Foi tenso, a operação quase não saiu em razão da taxa, que não era das mais atrativas, apesar de o risco ser ótimo.

Já o CRI da Brookfield foi um sucesso e o Fator vendeu superbem.

Começamos com o pé direito, com dois negócios que deram ótima visibilidade para a Gaia e alguma receita.

E começou a dar certo

Nessa época, várias pessoas vieram nos perguntar quem eram os nossos sócios capitalistas. Respondíamos que não tínhamos outros sócios, éramos apenas eu e minha sócia. Muitos não acreditavam. Quando insistiam, eu até parava de negar; mais fácil assim.

Antes de realizar esses dois negócios, havia quem nos olhava e falava: "Que bacana que vocês estão abrindo um negócio", com um tom parecido ao de um adulto falando para uma criança: "Que legal esse carrinho de Lego que você fez, ficou lindo".

Outros eram mais sinceros. Henry, na época meu amigo havia quase uma década, realmente se interessou pelo negócio e chamou o seu sócio numa gestora para que comprassem uma participação na Gaia. Achei que fazia todo o sentido.

Henry é um cara elétrico, gente boa, engraçado, conhece todo mundo, tem uma ótima índole e um coração muito bom. Uma teoria diz que com seis ou sete conexões você consegue chegar a qualquer pessoa do planeta. Isso não é verdade para quem conhece Henry, porque ele é tão bem relacionado que com poucos telefonemas consegue falar com qualquer pessoa do mundo.

Henry tentou convencer o seu sócio a investir na Gaia, mas o sócio queria que fôssemos para dentro da gestora. E tentou isso de uma forma muito doce: "Se você ficar sozinho, vai se f… Nesse mercado tem de ter dinheiro, esquece. Desse jeito não vai chegar a lugar nenhum", ele disse aos gritos.

O legal é que, sempre que alguém fala esse tipo de coisa, me motivo ainda mais. Henry ficou revoltado com o que viu e ouviu do ex-sócio (depois de um tempo eles se separaram).

Eu era um cara cheio de vontade, empolgado com o mundo, afobado, querendo fazer tudo. Com as coisas dando certo, me apaixonei pelo empreendedorismo e comecei a querer abraçar o mundo, a pensar em abrir rapidamente vários outros negócios. "Por que não acelerar o plano Richard Branson?", pensei. Não chegava a ser prepotência, mas aquela sensação de que, o que quer que você faça, vai dar certo.

Se não fossem os conselhos das pessoas mais experientes, eu teria acelerado ainda mais a criação de novas empresas e, provavelmente, trocado os pés pelas mãos.

Nesse início de empresa, devo muito ao meu tio Nelsinho, conselheiro desde sempre da Gaia. Nós nos encontrávamos cerca de três vezes por ano e, por mais que ele não seja grande conhecedor de securitização, sua experiência gerencial sempre me foi muito válida.

Tenho um livro de cabeceira do qual gosto muito, *As sete leis espirituais do sucesso*, de Deepak Chopra. Ele diz que em tudo o que fazemos temos de ter atenção e intenção. A atenção energiza e a intenção transforma. Quando não damos atenção, as coisas definham.

Não adiantava abrir vários negócios ao mesmo tempo, todos precisavam de atenção, e eu não tinha braço para isso. É como um cobertor curto, não fazia sentido cobrir a cabeça para descobrir os pés. Tenho certeza de que a Gaia conseguiu crescer nesse começo por ter foco e por ter se direcionado, sem precipitação, ao que poderia fazer bem.

O Grupo Gaia

Estava muito animado para criar o Grupo Gaia. Inspirado no Virgin Group, eu queria montar vários negócios. Um grupo que se preze precisa ter um *site* com o seu nome. Pesquisei e descobri que o domínio grupogaia. com.br pertencia ao Grupo de Assistência ao Idoso e à Infância, uma ONG localizada na zona sul da cidade de São Paulo. Peguei o telefone no *site* e liguei para eles. "Olá, meu nome é João, estou montando uma empresa e gostaria de conversar com alguém a respeito do site de vocês". "Claro, pode ser comigo", respondeu uma mulher simpática do outro lado da linha. "Então, eu gostaria de comprar o domínio grupogaia.com.br, pois seria muito importante para nós. Tenho cinco mil reais. Vocês têm interesse em vender por esse preço?", perguntei um pouco aflito. "Claro! Você é um anjo", ela respondeu parecendo sorridente, "precisamos muito desse dinheiro. Essa proposta caiu do céu para nós, obrigada", ela agradeceu.

Fiquei tão empolgado com a animação dela que prossegui, meio sem pensar. "Vou pedir para a nossa agência de publicidade montar um *site* bem bacana para vocês no grupogaia.com.br, e todo o custo será por nossa conta", prometi, feliz, pois não estava apenas comprando um nome, mas ajudando quem precisava. Algo altamente recompensador.

Nesse momento ainda não existia o grupo, mas o domínio grupogaia. com.br já era nosso.

E nasce a GaiaServ

A GaiaSec tinha três focos de atuação, sendo um deles ligado a financiamentos imobiliários de pessoas físicas. Mas, para realizarmos de fato esse tipo de negócio, precisaríamos de uma empresa de cobrança. Dessa necessidade surgiu a GaiaServ, cujo objetivo seria fazer a cobrança dos clientes que eram parte dos CRIs da GaiaSec.

A estratégia era simples. Em vez de contratar uma empresa de fora para fazer isso, contrataríamos uma empresa nossa. Além de ser algo potencialmente rentável, nos proporcionava uma vantagem competitiva perante os concorrentes.

Fazer a cobrança inclui enviar os boletos mensais, tirar dúvidas, emitir segunda via, cobrar os inadimplentes, negativá-los e tomar as medidas necessárias para recuperar as garantias. Esse conjunto de atividades é também conhecido como *servicing*.

Falei com uns conhecidos, donos de uma empresa de *software*, que estavam entrando no ramo de cobrança para fazermos uma parceria. Nós ficaríamos sócios da empresa de cobrança deles e eles, da nossa securitizadora. Conversamos bastante, porém o negócio não andou.

Na realidade, não ter dado certo foi bom para eles, que acabaram sendo vendidos para uma grande incorporadora, e também para nós, que montamos o negócio sozinhos do jeito que queríamos.

Apesar da lógica de negócio ser simples, a execução é um pouco mais complexa. Uma empresa desse ramo precisa de sistemas muito bons e que não estão disponíveis no mercado. A GaiaServ deveria ter três pilares: sistemas, pessoas e processos. Pessoas, você contrata. Processos, você monta. Já sistemas… são outros quinhentos!

Conversando com um amigo que trabalhara comigo no passado e que mais adiante se tornaria um dos principais nomes da Gaia, perguntei se ele conhecia alguma empresa que poderia desenvolver um sistema para nós. Vinicius indicou uma empresa de São José dos Campos formada por ex-

-alunos do ITA, os quais, como todos os ex-alunos daquela universidade, eram superinteligentes. Lá fomos nós falar com essa turma.

Era um pessoal novo, muito bom e cheio de vontade. Em um primeiro momento, com o meu instinto de querer ser sócio de tudo, chamei-os para montarmos uma sociedade, mas logo vi que não fazia sentido. Acabamos contratando-os para desenvolver o nosso *software*.

Tivemos várias reuniões com os programadores e desenhamos todas as correlações e interações que o sistema teria. Foi bem interessante e desafiador! Graças a essa turma surgiu a GaiaServ, uma empresa de serviços de crédito imobiliário, que mais adiante passou a expandir seus serviços.

A primeira oferta de venda

Logo que saí do Banco Matone, o Banco Pactual, na época o maior banco de investimentos independente do país, conversou comigo para me contratar. Expliquei que estava montando uma empresa e que não fazia sentido abandonar o sonho e ir para outro banco. Eles entenderam e disseram que gostariam de comprar tudo, mas, para mim, não era questão de ir sozinho ou de levar as pessoas que trabalhavam comigo, mas, sim, de seguir o caminho que havia começado. Quando uma instituição muito bem-sucedida, na época uma referência no mercado, sonda você, a sua cabeça entra em parafuso. A dúvida passa a ser sua companheira. "E se recusarmos e daqui um ano o mercado vira de ponta-cabeça, ou algum concorrente passa a dominar tudo?", pensamos.

Para atrapalhar ainda mais, quem compra empresas tem uma lábia que convence sobre qualquer tendência. Foi difícil ouvir ofertas tão tentadoras.

Mas o fato de termos passado bem os primeiros meses nos deu força para recusar, e então encerramos as conversas.

O ano de 2009 terminou muito bem! Fizemos alguns bons negócios pela GaiaSec e terminamos o ano como a quarta maior empresa do segmento no país. Nós havíamos começado a empresa em março e por volta de setembro já estávamos tirando salário, já tínhamos um caixa razoável e um grupo de duas empresas. Mas eu ainda não havia conquistado um dos meus objetivos de curto prazo.

2010:

Ainda criança, mas já se acha grande!

A Meta da Calça Jeans

Quando montei a Gaia, um dos meus objetivos era poder usar calça *jeans* todos os dias da semana. Imagino que essa não deva ser uma meta tão comum, mas não deixa de ser uma meta. Normalmente as pessoas têm metas mais ambiciosas, mas quem experimentou trabalhar de calça *jeans* sabe do que estou falando. Hoje em dia praticamente alcancei essa meta e trabalho quase todos os dias de *jeans*, tênis e camiseta polo!

Falando em metas, gosto de lembrar uma frase do jogador de basquete Michael Jordan. Ele diz: "Acredito firmemente no estabelecimento de metas. Passo a passo. Não vejo outra forma de conseguir alguma coisa". O livro *Mind Gym* faz um questionamento interessante: sem metas, para onde você irá na vida? Se não souber para onde está indo, provavelmente acabará chegando em um lugar onde não quer estar. Pense nisso. Você sabe para qual caminho está se direcionando ou simplesmente deixa a vida levar para onde for? Se não tiver um rumo, uma direção, a chance de chegar onde quer é bem pequena.

Segundo o *Mind Gym*, o caminho para atingir as metas de longo prazo é quebrá-las em pequenos passos, como uma escada. Cada passo representa um progresso, como diz o velho ditado: "Polegada por polegada a vida é fácil, jarda a jarda a vida é difícil" (tradução livre do inglês: *Inch by inch, life's a cinch. Yard by yard, life's hard*).

O mercado financeiro é cercado por certo *glamour* e egos inflados. Escritórios suntuosos na Avenida Faria Lima, roupas de grife, palavras em inglês faladas aleatoriamente, carros, orgulho de dizer que trabalha 24 horas por dia, que não tira férias e a adrenalina de viver numa competição predatória.

Apesar de ter trabalhado anos nesse mercado, nunca me senti parte dele. Quando tinha meus vinte e poucos anos, cheguei a parar para refletir se valeria a pena trabalhar feito louco por um ano para tentar ganhar muito dinheiro e depois voltar à vida normal. Cheguei à conclusão de que um ano da minha vida não tem preço.

Na Gaia, sempre tivemos um jeito específico de trabalhar no mercado financeiro. Mais tarde esse jeito seria consolidado com os nossos valores, algo genuíno dos nossos membros. E apesar dessas diferenças entre nós e os hábitos do mercado financeiro, sempre conseguimos nadar muito bem no meio dos tubarões.

Voltando à Meta da Calça Jeans, a minha conclusão foi que, para atingi--la precisaríamos fazer um baita trabalho, pois as pessoas e possíveis clientes não teriam muita confiança numa empresa onde todos trabalham de calça *jeans*, a não ser que essa empresa faça um excelente trabalho. E credibilidade é um dos atributos mais importantes desse mercado.

Em 2010, decidi que a estratégia seria "despersonificar" a Gaia. Até então, ela era muito ligada ao meu nome, e senti que a empresa não iria a lugar nenhum se continuasse assim.

Começamos a contratar gente boa, não só no sentido de pessoas bacanas, mas que também tivesse capacidade de crescer com a empresa. Logo no primeiro dia útil de 2010, Emerson e Natália começaram a trabalhar na Gaia. Também conhecidos como Emer e Naty, são dois dos maiores orgulhos de crescimento profissional e pessoal que tivemos em nossa trajetória, além de terem o Sangue Azul da empresa. Dizemos que tem o Sangue Azul quando a pessoa veste a camisa da Gaia, porém mais adiante falarei sobre como essa expressão passaria a ter também outro significado. Em seguida vieram Sandra, que organiza todos os dias da minha vida desde então; Gabriela, também conhecida como Gabi, minha irmã; e Fernanda, que mais tarde se tornaria minha sócia.

Mais uma: a Gaia Esportes

Sempre adorei esportes. Eu vinha conversando bastante com o meu treinador de corrida sobre abrir uma assessoria esportiva. Na cidade de São Paulo há várias assessorias estabelecidas, mas em Piracicaba, interior do estado, onde minha irmã Gabi mora, esse movimento estava apenas começando.

Assessoria é um serviço prestado por uma empresa que consiste em oferecer um treinador, hidratação e alimentação para um grupo de pessoas que queiram fazer atividade física ao ar livre, com foco em corrida. Acaba indo além disso, porque resulta num momento para relacionamento pessoal e fazer amigos.

Coincidentemente, um treinador que era meu conhecido havia acabado de passar em um concurso público em Piracicaba. Juntava-se assim a oportunidade de abrir uma assessoria esportiva na cidade com uma das coisas mais difíceis: ter um treinador de confiança.

Contratamos o treinador. Combinamos que ele iria três vezes por semana ao parque e cobraríamos uma mensalidade de R$ 60,00 de cada aluno. Nessa mensalidade, estariam incluídos planilha de treinos, acompanhamento no parque, água, isotônico e frutas.

Dessa forma, tão simples, montamos a Gaia Esportes!

A estratégia era atrair pessoas que não gostam de academia. Ter um custo baixo e um grande número de alunos.

Em fevereiro, resolvemos organizar um evento no parque da cidade. Chamamos uma banda, distribuímos camisetas e criamos turmas de corrida.

Ótimo, exceto por um detalhe: da forma que fazíamos, isso nunca iria se pagar. A pedido do próprio treinador, demos várias cortesias. Depois de algum tempo, o pessoal não queria começar a pagar pelo serviço que recebia de graça.

Em meados de setembro, a Associação Ilumina, uma associação que oferece assistência gratuita a pessoas com câncer e tem no seu corpo diretivo alguns dos melhores médicos da região, nos chamou para organizar uma prova de corrida de rua. Gabi nunca tinha sequer assistido a uma prova dessas. Mas era por uma boa causa e topamos o desafio. Por ser uma ONG, não cobramos nada.

A corrida aconteceria em um sábado à tarde, passando pelas ruas e pontes mais movimentadas de Piracicaba. Quem conhece o parque da Rua do Porto e os restaurantes à beira do rio de Piracicaba sabe do que estou falando. Uma loucura completa, mas como não entendíamos nada do assunto, fomos fazer.

Durante o processo de organização — que geralmente demora meses, e no nosso caso levou menos de sessenta dias — ainda tivemos um pequeno problema. Um dos patrocinadores pagaria as camisetas, mas no final das contas nos enrolou e tivemos de arcar com o prejuízo. Ou seja, além de não cobrarmos nada, ainda bancamos a inadimplência de um patrocinador. Consideramos uma doação. Acabamos pagando para fazer o evento. Apesar disso, nos sentimos gratos pela oportunidade.

No dia do evento, cerca de duas horas antes da prova, choveu torrencialmente na cidade. Céu escuro. Às duas da tarde parecia noite. A corrida tinha tudo para dar errado.

Como fizemos pouca divulgação, muita gente ficou sabendo no próprio dia e menos de uma hora antes do evento ainda estávamos fazendo inscrições. E o pior, para nosso desespero, a empresa de cronometragem não chegava. Cenário perfeito para o caos e para esquecermos esse negócio de organização de corridas de rua.

De repente, como se fosse mágica, pouco antes da largada saiu um sol lindo e o céu ficou incrivelmente azul. Com um pequeno atraso, conseguimos dar a largada.

Montamos a prova com duas distâncias: 5 km e 10 km. Fizemos uma lambança, pois teve gente que não entendeu a marcação e cortou caminho, mas conseguimos contornar esses tropeços.

A corrida foi ruim, mas nossa grande vantagem era a de que as provas de corrida da cidade costumavam ser tão amadoras e fracas que a nossa se destacou. Se fosse hoje, com o nível mais elevado de organização e planejamento, certamente teríamos nos queimado no mercado. Naquela época, como o comparativo era ruim, a nossa foi considerada uma boa prova.

Em terra de cego quem tem um olho é rei, já dizia o dito que melhor se aplicou aos injustos elogios que recebemos. Continuamos insistindo com a nossa assessoria. Apesar do trabalho e do prejuízo, estávamos três vezes por semana com toda a estrutura montada para a turma composta por aproximadamente quinze pessoas, sendo que metade não pagava.

Quase venda

No início da Gaia, era muito frequente que pessoas se aproximassem de nós para tentarem virar sócios. Éramos uma empresa nova, com custos baixos, e que já tinha certa exposição no mercado. Já éramos lucrativos desde o quarto ou quinto mês.

Enxergavam em nós a possibilidade de pagar barato e um dia vender caro. Era impressionante como as pessoas tinham a cara de pau de chegar e falar que queriam ser sócias da Gaia como se estivessem dizendo que gostariam de passar o fim de semana no Guarujá. Devo dizer que no começo eu ficava sem graça de dizer não. Enrolava um pouco até que a outra parte percebesse que eu não tinha interesse em vender aquilo que estávamos construindo. Aos poucos comecei a ganhar experiência e passei a conseguir falar de forma clara, honesta e gentil que não fazia sentido naquele momento a entrada de um sócio financeiro na empresa.

Até que o BTG Pactual, que já tinha tentado me contratar, insistiu um pouco mais. Diziam que para sobrevivermos naquele mercado de securitização teríamos que ter dinheiro, assim como os nossos concorrentes. Por duas vezes estive com André Esteves, sócio controlador e presidente do banco, considerado um ícone do mercado financeiro. Aprendi que banqueiros, quando querem, têm um poder incrível de inflar nosso ego.

Aos poucos fui amolecendo e vendo que aquilo poderia ser bom para a Gaia. Eles eram simpáticos, tinham o dinheiro que nos possibilitaria fazer mais negócios e poderiam trazer novas operações.

Primeiro nos seduziram com as perspectivas de crescimento e depois ofereceram US$ 10 milhões. Algo muito maior do que eu achava que a Gaia, que tinha um ano de vida, valia. Era um valor tão alto que nem tentei negociar.

De volta à Gaia, conversei com as pessoas da minha confiança e perguntei o que achavam. Apesar de ninguém estar totalmente convencido, acreditamos que valeria tentar ir um pouco além e ver no que daria. Em nenhum momento o nosso motivador foi o valor financeiro, mas, sim, as perspectivas de crescimento.

Um empreendedor não é movido por dinheiro. Dinheiro é uma ferramenta para poder construir. O que nos move, no fundo, é a satisfação de fazer.

Assim, lá fomos eu e minha sócia para uma reunião com três sócios do BTG Pactual e, na sequência, com o time que assumiríamos. A ideia era integrar a Gaia com a equipe do banco que fazia esse tipo de negócio.

Ao chegar ao local, tudo começou errado. Pediram para a minha sócia sair, queriam falar só comigo. Apesar de sempre ter dito que ela era minha sócia, afirmaram que preferiam negociar comigo e que eu acertava a parte dela dentro da minha. Uma atitude que já não se encaixava com o nosso jeito Gaia de ser.

Os três sócios do banco entraram na sala, onde eu estava sozinho, e um deles, que só conheci naquele momento, começou a explicar, de forma dura, como seria a proposta, o que nós faríamos e como nos pagariam. Bem diferente do que vinham falando até então. A minha impressão foi a de que ele pegou a proposta que haviam nos feito por escrito e quis mostrar para os companheiros como era bom negociador e que conseguiria levar vantagem.

Foi a pior estratégia possível. Eu, que já não estava tão convencido de estar ali, tive certeza de que aquele não era o meu lugar. Agradeci e falei que não tinha negócio, que não venderia a Gaia. Tentaram me convencer a conversar com a equipe, deram novos argumentos, mas já era tarde, agora eu tinha certeza de que não valia a pena. Foi uma das decisões mais acertadas que tomei.

Depois disso, algumas vezes tentaram retomar a conversa, mas de fato não tinha mais jeito. Isso não nos impediu de continuar a fazer inúmeros negócios com aquelas pessoas, negócios bons para os dois lados, mas não como sócios.

Anos mais tarde, aquele banco e seu presidente tiveram seus nomes envolvidos na operação Lava-Jato da Polícia Federal. Apesar do histórico de bons negócios feitos pela instituição, sua imagem ficou fortemente abalada por isso. Ainda bem que segui minha intuição e não nos tornamos sócios.

Primeiro fundo

Já que a sociedade com o banco não fora para a frente, resolvemos ir atrás de dinheiro a fim de comprar os nossos CRIs. Tivemos a ideia de montar um fundo de investimento imobiliário em loteamentos. Loteamentos são aqueles condomínios residenciais em que a pessoa compra um terreno (lote) e depois constrói a casa. O nosso fundo possibilitaria que as pessoas comprassem o lote a prazo. Para isso, chamamos uma das maiores corretoras de títulos e valores mobiliários do país, que mostrou interesse.

A ideia era captar recursos de pessoas físicas investidoras para aplicar em CRI cujos recebíveis fossem de loteamentos. Conversamos com a corretora, contratamos um escritório de advocacia e assim montamos nosso primeiro fundo, que começaria com cerca de R$ 40 milhões e logo subiria para R$ 100 milhões.

Com isso poderíamos ter uma atuação mais forte no ramo de loteamentos, que precisava de recursos. Poderíamos ainda dar uma rentabilidade bastante interessante aos investidores de menor porte, já que com mil reais qualquer pessoa poderia comprar uma cota. Isso significa muito menos do que os tradicionais trezentos mil reais, valor de investimento mínimo na maioria dos CRIs.

Quando o fundo começou a operar, a corretora realizou mudanças internas e infelizmente outra equipe começou a gerir o fundo. Uma pena. Os investimentos corriam de maneira rentável para a Gaia, nós tentamos fazer vários negócios, mas não chegaram perto de ser o que havíamos projetado.

Devemos ser muito cautelosos com os nossos parceiros. Independentemente dos contratos, é preciso sempre procurar entender e visualizar quais são os valores da empresa. Não os que ela divulga, mas os que pratica.

Capital mínimo

Com o crescimento da GaiaSec, começamos a incomodar os concorrentes, o que é absolutamente normal em qualquer mercado onde há concorrência. Certo dia, uma repórter do jornal *Valor Econômico* foi nos visitar. Ela queria conhecer um pouco mais da Gaia. Batemos um longo papo — àquela altura, mal sabíamos que anos depois nos tornaríamos bons e verdadeiros amigos —, e no final da conversa ela perguntou: "Tem algo mais que seja interessante?".

Comentei que haviam me falado que os nossos concorrentes estavam fazendo *lobby* para que as securitizadoras tivessem capital mínimo. Isso significa que só poderiam funcionar aquelas que tivessem alguns milhões de reais como capital na empresa. A Gaia não se encaixava na regra. Naquele momento, eu não tinha nem um milhão de reais.

Contei à repórter que tinha escutado que alguns concorrentes haviam conversado com o Banco Central a respeito do tema, mas que eu não sabia se aquilo era fato ou boato. Ela se interessou e foi atrás. Dias depois, ela me ligou falando que havia checado: realmente o fato procedia. Então me perguntou o que eu tinha a dizer.

Eu disse para ela: "Em *off* (gíria usada quando você diz algo que não é para ser publicado), acho que alguns concorrentes querem nos tirar do jogo, fazer reserva de mercado, mas nenhum dirá isso". Ela logo me interrompeu e falou: "Você que pensa, mas não vou falar nada, você verá a reportagem". Sorri e continuei defendendo o meu ponto de vista.

A matéria foi publicada, muito bem escrita por sinal, e nela um concorrente dizia que aquela manobra realmente se tratava de uma espécie de reserva de mercado. Isso ficou muito mal para quem defendia o capital mínimo. A partir de então, o Banco Central passou a dizer que aquilo não era da sua competência e o assunto morreu. E, grande parte, imagino, devido a essa feliz reportagem.

Plano de negócios

Os livros de negócios apresentam diversas fórmulas para montar empresas. Aprendi na faculdade que os japoneses passam mais tempo planejando do que executando e por isso praticam os melhores processos do mundo.

Os grandes gurus dizem que devemos montar um belo plano de negócios, detalhado, com as projeções de vendas, de custos, de funcionários, definindo quais as suas forças, ameaças e oportunidades. Consultorias cobram uma fortuna para prestar todo tipo de assessoria para a montagem do que será um negócio de muito sucesso. Na teoria, isso tudo é muito lindo e até faz sentido, mas na prática é bem diferente. Duvido que alguém tenha acertado as projeções sobre os próximos dez anos de um negócio que nem sequer existe. Ao fazer tais projeções, a única certeza que se tem é que estarão erradas.

Até acho que, para um negócio cuja margem seja muito pequena, é importante fazer simulações. Mas se a margem de lucro é pequena, será que vale a pena investir? Acredito em negócios que sejam escaláveis, negócios em que haja espaço para crescer. Sendo razoavelmente grande, as margens serão altas.

Segundo Jim Collins, no livro *Good to Great*, empresas excelentes não estão necessariamente em setores excelentes. Você investiria em um circo ou em uma orquestra sinfônica? Provavelmente não, a não ser que estivéssemos falando do Cirque du Soleil ou do maestro Andre Rieu. Os dois casos são exemplos de reinvenção de mercados, afinal, tanto os circos quanto as orquestras não passam atualmente por um bom momento. E, apesar disso, ambos são sucessos absolutos de público há alguns anos.

Procuro sempre seguir a estratégia apresentada no livro *A estratégia do Oceano Azul*, de W. Chan Kim e Renée Mauborgne. Mesmo em segmentos existentes, devemos buscar mercados inexplorados, fugindo da competição predatória.

Todos os nomes no jornal

Para encerrar o ano de 2010, queríamos inventar algo diferente a fim de homenagear os responsáveis pelos bons momentos da Gaia. Fizemos um anúncio de meia página no jornal *Valor Econômico* (sempre ele), com o primeiro nome de todos os nossos funcionários, parceiros e clientes. Os nomes dos funcionários apareciam em negrito. O texto trazia palavras de agradecimento a todos.

Em seguida, enviamos *e-mails* para todos os que tiveram o nome publicado no anúncio, agradecendo pelo ano e avisando da nossa homenagem, indicando que o nome de cada um estava na página C5 do *Valor Econômico*. As respostas foram recompensadoras. Dava para sentir a alegria das pessoas ao relatarem o que sentiram quando viram seu nome no jornal.

E como é o perfil de quem trabalha em uma empresa que está em busca da sobrevivência?

No começo de uma empresa você não tem nada. É como se mudar da casa dos seus pais e perceber que se não for ao supermercado as compras não aparecerão no armário. Já quando a empresa se torna maior, as coisas parecem simplesmente "acontecer", como mágica, mas isso se deve ao processo pelo qual ela passou para chegar até esse ponto.

Ao montar uma empresa você percebe que tem de ir atrás de coisas básicas, desde colher informações sobre como se paga impostos até contratar a empresa de *motoboys*. Normalmente, empreendedores não gostam de coisas burocráticas, mas elas são extremamente necessárias. Por isso, o perfil mais desejado de funcionário para uma empresa que está começando é o "pau pra toda obra".

MONTANDO EMPRESAS QUE SOBREVIVEM

1. Crie uma estratégia coerente e mergulhe de cabeça.
2. Sempre que necessário, corrija o rumo.
3. Ouça os outros, mas ouça ainda mais a sua intuição.
4. Crie um logo que transmita os atributos da empresa.
5. Seja resiliente e, a cada tombo, levante mais forte, com mais vontade.
6. Seja o maior divulgador do seu negócio.
7. Carregue empolgação dentro de você e espalhe para o mundo.
8. Tenha metas e as divida em pequenos passos.
9. Escolha os parceiros certos. Mais vale um negócio ruim com uma pessoa boa do que um negócio bom com alguém ruim.
10. Pense sempre no longo prazo. Você colherá o que plantar.

Passo 2:
Empresas saudáveis

O primeiro passo de qualquer empresa é lutar pela sua sobrevivência. Se não for bem feito, o arranque inicial já vai determinar o fim. Após superar essa primeira etapa, aí, sim, é possível pensar em uma vida saudável.

2011:

Quando nos tornamos os maiores do Brasil

"Difícil não é chegar ao topo, mas se manter lá." Essa frase é bastante conhecida no esporte, mas também vale para quando você tem uma empresa. Montar empresas não é uma tarefa fácil, mas também não é das mais difíceis, especialmente se você faz algo que domina. Nesse caso, o maior desafio é criar algo sustentável, algo que não dependa de você para continuar. Também é importante ter um modelo de negócios que não sacrifique a vida das pessoas para dar certo.

Já disseram que quem é insubstituível também é "impromovível". Temos de pensar sempre em como montar uma empresa que se perpetue. Para que isso aconteça, é necessário tomar os rumos certos. Mas nem sempre podemos prever quais serão eles. Foi assim conosco em 2011. O ano começou com duas grandes mudanças e terminou de uma forma que eu não poderia imaginar.

Saída da sócia

Em 2009, cerca de dois meses após o início da empresa, minha sócia engravidou. Isso não a impediu de seguir trabalhando. Ela esteve sempre lá conosco, até um dia antes de seu filho nascer. Após a licença-maternidade, ela retornou, mas com outras prioridades na vida, o que é absolutamente normal. Acontece que eu estava com um "gás" louco para fazer as coisas acontecerem, e, na minha visão, a sociedade começou a ficar desbalanceada.

Conversamos muito. Eu queria que ela ficasse e se ocupasse de tarefas mais tranquilas. Sugeri que reduzisse sua participação acionária. Isso não foi bem aceito. Ela decidiu sair. Na época conversei com o meu tio Nelsinho, também meu conselheiro, que me disse que dado o cenário a melhor solução realmente era ela sair. Conselhos de pessoas mais experientes são sempre muito oportunos.

Quando montamos a empresa, por mais que tivessem me dito para fazer um acordo de acionistas, eu achei que, por sermos amigos, eu e ela sempre conseguiríamos resolver qualquer coisa. Por isso optei por não fazer o tal acordo. Mas quando sentamos para negociar a saída dela, vi que as coisas não seriam tão fáceis. Ela pensava que a Gaia valia muito mais do que eu acreditava. Impossível determinar quem estava certo, eram somente dois pontos de vista diferentes. Nossas avaliações eram subjetivas. Cada parte achava que tinha razão, sem certo ou errado.

Esse momento foi difícil e me rendeu muito aprendizado. De um lado, eu negociava a saída de uma sócia; do outro, precisava continuar a fazer a Gaia andar sem que as pessoas percebessem o desgaste entre os sócios.

Com o impasse, tivemos de contratar advogados para negociar. Me indicaram Bira, ex-advogado de um concorrente e que naquela época estava em período sabático curtindo o ócio criativo e fazendo estágio em produtoras de filmes. Eu não o conhecia pessoalmente. Liguei para ele. Nos demos bem de primeira e ele passou a negociar a saída da minha sócia com as advogadas dela. Foram meses que pareceram anos.

Até que um dia tive uma conversa telefônica com a advogada dela e foi quando ouvi que a coisa não teria jeito. Iríamos disputar na justiça. "Alguma chance de reverter isso?", perguntei. "Nenhuma, João, ela está decidida", respondeu a advogada.

No futebol se diz: "Perdido por um, perdido por mil". Resolvi dar um último tiro e ligar direto para a minha sócia na tentativa de um acordo. "Ok, João, aceito o que você me propôs", ela disse. Para minha própria surpresa, nos acertamos! "Ufa", foi a única coisa em que pensei.

Esses meses que quase levaram a uma disputa judicial me consumiram muito, mas trouxeram diversos aprendizados e uma experiência que era necessária para eu passar por outros desafios ainda maiores que viriam.

Independentemente da amizade que as pessoas tenham, é vital combinar as regras antes de o jogo começar. Não por má-fé, e sim porque é natural que os seres humanos tenham pontos de vista diferentes. O que é justo para um pode ser injusto para outro.

Aprendi também que, quando a negociação começa a ir para o lado emocional, ter alguém isento ajuda a equilibrar e manter a racionalidade. Bira e as advogadas da minha ex-sócia foram fundamentais para termos um final bom para todos.

Falando em Bira, depois de terminado esse período, combinamos que ele trabalharia três vezes por semana na Gaia. Ele adorou e depois de um mês passou para quatro vezes por semana e em seguida se tornou mais um *gaiano* trabalhando todos os dias conosco.

Gaia Esportes com novo rumo

Após termos feito uma das maiores provas de corrida de rua de Piracicaba (aquela que foi ruim, mas gostaram), uma organização de combate à pedofilia nos chamou para fazer uma corrida a fim de divulgar o tema. É claro que topamos. O nosso treinador conseguiu trazer para a cidade o maior corredor do Brasil na época, Marilson Gomes dos Santos (vencedor da maratona de Nova York e de várias São Silvestres, dentre outras). O evento já foi bem melhor do que o primeiro.

Na sequência, fomos chamados para fazer mais uma corrida e falamos para o nosso treinador que pagaríamos mais para ele, apesar de até então não havermos ganhado um centavo com as corridas, só investido nelas. Para nossa surpresa, ele ficou bravo e disse que era pouco. Inventou uma história e tirou todos os quinze alunos da nossa assessoria.

A nossa primeira reação foi de revolta, mas logo percebemos que o melhor era agradecer a ele. Estávamos desperdiçando energia em algo que não teria futuro para nós, e as corridas estavam crescendo. Além do que, a maior parte dos clientes das nossas provas eram corredores de outras assessorias de corrida, e os treinadores não gostavam de levar seus atletas nas provas de uma empresa cuja assessoria era concorrente.

Seguindo com o trabalho em corridas, a Gaia Esportes se tornou uma empresa exclusivamente de eventos esportivos. Com um foco e com enorme potencial.

Essa primeira mudança de estratégia da Gaia Esportes tem dois aspectos importantes: vivemos uma dificuldade e tivemos desprendimento. Ao perder todos os alunos, em vez de contratar outro professor, refletimos um pouco e decidimos que era melhor largar o que vínhamos fazendo e dirigir nosso foco para outro segmento.

Não é fácil desistir de algo. "O que os outros vão falar?", é o primeiro pensamento que vem à cabeça. Mas você deve se guiar pelo que é bom para a empresa e não para a imagem. Reconhecer que está no caminho errado é uma virtude importante que o empreendedor deve ter.

O primeiro de abril

Mesmo com tanta coisa acontecendo, nunca esquecemos a diversão, que sempre fez parte do DNA da Gaia. O dia 1º de abril tem sido particularmente engraçado.

No dia 31 de março de 2011, mandei um *e-mail* para todos os funcionários dizendo que o presidente de um grande banco iria à Gaia no dia seguinte a fim de analisar a compra da nossa empresa. Pedi para se prepararem.

Nunca vi a Gaia tão arrumada quanto ficou no dia seguinte. Tiraram os papéis das mesas, arrumaram os locais de trabalho... Como o "convidado" era uma pessoa conhecida no meio, o pessoal realmente criou uma expectativa. Um funcionário estava na aula de pós-graduação quando leu o *e-mail* e saiu falando orgulhoso para os amigos. Outro, quando chegou ao escritório, queria voltar para a rua a fim de comprar uma roupa melhor. A turma mais jovem ficou tensa, preocupada.

Cerca de cinco minutos antes do previsto para a reunião, chamei a Sandra, minha assistente, e contei: "San, isso é uma brincadeira. Espere uns minutinhos e me avise que ele chegou, tudo bem?".

"Não acredito!", sorriu ela, "deixa comigo!"

A partir daí, chamamos um por um na sala de reuniões, e para cada funcionário eu dizia que o "convidado" estava no banheiro da sala e fazia uma pressão para que a pessoa ficasse meio nervosa. A Naty, que foi cúmplice, dizia depois que era pegadinha e nós morríamos de rir. A cada um que entrava e saía da sala, pedíamos que voltasse ao local de trabalho e colocasse mais "pilha" nos demais. A pressão ia aumentando. Todo mundo que recebia o trote queria colocar mais medo nos próximos.

Deixei para o final os dois que estavam mais nervosos. Aquele que avisou os amigos da pós-graduação ficou extremamente frustrado ao ver a Naty sair do banheiro onde supostamente estaria o seu ídolo. A última pessoa foi a única que recebeu pressão de todos. Pouco antes de ela entrar, pedimos que se preparasse para explicar uma operação. Quando a hora chegou, ela entrou com várias pastas de documentos. Ao saber que não era sério, não ficou muito feliz comigo. Até hoje deve ter certa mágoa pela brincadeira. O pior é que foi a única que não teve ninguém depois para enganar.

Em 2013 bolamos outra coisa. A vítima da vez era Aline, uma pessoa tranquila, com quem sempre me dei muito bem e que aceitava brincadeiras. Ela acabara de assumir a Área VIP e estava se adaptando à nova função. Área VIP é o que as empresas "normais" chamam de Recursos Humanos. No caso da Gaia, chamamos de *Valores Integrando as Pessoas*.

Sugeri aos funcionários um pedido de demissão sequencial. Cinco pessoas de áreas diferentes deveriam chamá-la e pedir as contas. Cada um contou uma história mais mirabolante que a outra. Ela acreditava e aos poucos foi ficando chateada, sem saber o que fazer. Tinha acabado de assumir uma área destinada a cuidar das pessoas e logo no começo enfrentava uma demissão em massa.

Já em 2016 a história foi bem diferente… combinei com a empresa inteira de pregarmos uma peça em Jessica, fã incondicional do cantor Justin Bieber. Organizei um concurso de perguntas com a presença de todos e Jessica foi acertando tudo até se tornar a grande vencedora. Entreguei-lhe um envelope com o "convite do *show*", que nada mais era do que a frase: "Feliz 1º de abril".

Ao ler a mensagem, ela olhou para mim, chorando, com um ar de dor e disse: "Não acredito, vocês todos estão me fazendo de boba, eu tenho um sonho… não acredito…", e saiu chorando e falando um monte de coisa. Não sabia onde me enfiar de vergonha. Pedi desculpas a todos, e a ela eu disse que compraria um ingresso… Fiquei completamente desconcertado!

Aqueles segundos depois que ela saiu da sala chorando pareceram a eternidade. Nunca fiquei tão desconcertado. Até que ela entrou morrendo de dar risada e disse: "João, feliz primeiro de abril!". Dessa vez quem caiu na pegadinha fui eu…

É muito bom quando podemos misturar diversão e trabalho. Mas aqui cabe um ponto importante: precisamos tomar muito cuidado com as brincadeiras. Às vezes você acha que é algo engraçado, que a pessoa vai entender, mas ela pode encarar de outra forma e eventualmente acabar entrando até com um processo trabalhista. Com Aline foi tranquilo, e hoje em dia acredito que riríamos de tudo outra vez.

Sem querer, o maior do Brasil

Em 2010 fomos a terceira maior securitizadora imobiliária do país. Isso é ótimo, mas ficar brigando por posições num *ranking* pode ser danoso, pois nos faz desviar dos objetivos principais de longo prazo e rentabilidade.

Comecei 2011 dizendo que não nos importávamos com *ranking*, que iríamos focar em negócios bons e lucrativos. Tudo estava indo muito bem até que a Caixa Econômica Federal nos cotou para fazer uma operação gigantesca. Não achávamos que teríamos alguma chance de ganhar a operação. Propusemos um preço mediano, algo que seria bom para a Gaia, mas sem qualquer expectativa de ganhar.

Normalmente, ganha uma concorrência quem trabalha quase de graça ou quem usa de outros meios. Nós não nos enquadrávamos em nenhum dos dois casos. Era derrota na certa.

Até que um tempo depois do prazo para decidirem quem faria a operação, o pessoal da Caixa nos ligou para dizer que havíamos ganhado a concorrência. Como assim? Exatamente, a Gaia ganhou. Iríamos fazer o maior negócio de securitização da história do país. Eram mais de R$ 2 bilhões em uma operação com mais de trinta mil clientes da Caixa. Algo realmente memorável. Para mim, parecia inacreditável.

Nessa época já tínhamos atingido a Meta da Calça Jeans e resolvemos fazer uma graça. Todo projeto, após a assinatura da proposta, tem uma reunião inicial conhecida como "*kick off*", um encontro em que todos participam e os principais pontos são discutidos. Nesse dia falei para a Gaia inteira ir de terno e demos um "vale-roupa" de R$ 100 para todo mundo se vestir melhor.

Foi o único dia da história da Gaia em que todos os homens usaram terno. Na verdade, não me lembro de algum outro dia em que uma pessoa tenha usado. Chamei outro primo meu, na época estudante de cinema, para gravar um vídeo do pessoal. Fizemos a reunião no auditório do prédio. Veio gente de Brasília, os advogados, e preparamos um lanche e bebidas.

Assim que a operação foi realizada, adivinhe o que fizemos?

Passamos a falar que o *ranking* era a coisa mais importante do mundo. Ha, ha, ha. Ao abrir o *site* da GaiaSec, aparecia uma janela falando que éramos os primeiros do país!

E não parou por aí. Queríamos fazer ainda mais barulho. Há toda uma regulação da CVM em relação aos anúncios publicitários. Fazendo um paralelo, é como anúncios de remédios que são regulados pela Anvisa. Para conseguir divulgar nossos feitos sem ferir os códigos da CVM e sem ter de passar pelos departamentos jurídico e de marketing da Caixa, fizemos um anúncio de meia página na capa do caderno de finanças do jornal *Valor Econômico* parabenizando a Caixa pela maior securitização imobiliária do Brasil.

Nova sócia

Após a saída da primeira sócia em abril, passei a me incomodar com o fato de ter 100% do Grupo Gaia. Além de mim, só Gabi tinha participação, mas era apenas na Gaia Esportes.

Fiquei um tempo observando todo mundo na empresa. Em outubro, convidei Fernanda para ser minha sócia. Ela vinha se destacando e achei que seria uma oportunidade merecida.

"Fê, gostaria de convidá-la para ser sócia da Gaia", eu falei, animado. Ela me olhou, respirou fundo e disse: "João, acho que não estou preparada". "Como assim?", indaguei. Pelas duas horas seguintes tivemos uma conversa aberta e honesta, durante a qual consegui convencê-la de que estava preparada e que poderia se adequar facilmente à nova função. No fim das contas, ela aceitou e passou a ser a nova sócia da Gaia.

Seguindo os aprendizados anteriores, ouvi a sugestão do Bira de fazermos um acordo de cotistas entre nós que deixasse tudo muito claro para não termos problemas em eventuais saídas de algum dos sócios.

Espaço Gaia

Estávamos no fim de 2011. A Gaia Esportes, de rumo novo, começava a ganhar certo destaque, mas ainda faltava algo. O nosso escritório em Piracicaba era na casa da Gabi, e não tínhamos uma boa estrutura.

Duas amigas nos convenceram a abrir uma espécie de SPA urbano, onde ofereceríamos aulas de pilates, nutricionista, acupuntura, estética e seria a base da Gaia em Piracicaba, incluindo o escritório da Gaia Esportes. No nosso ímpeto de montar negócios, aceitamos o desafio e criamos o Espaço Gaia.

Precisaríamos de alguém de confiança para administrar o dia a dia. A Gabi deu a ideia de colocarmos nossa mãe, Naira, para cuidar do local. Ela já havia tido diversas experiências em lidar com público e seria a responsável por cuidar do espaço. Perfeito.

Alugamos uma casa em um bairro legal, reformamos e assim inauguramos o Espaço Gaia. Além de abrigar o escritório da Gaia Esportes, o local seria o ponto de inscrição e retirada dos *kits* para as corridas.

2012:

Entrando no Agronegócio

Gaia Florestal

Certo dia um advogado foi à Gaia oferecer serviços de assessoria legal para nossas operações imobiliárias. "Legal, muito obrigado", eu disse, "mas estamos sendo muito bem atendidos por diversos escritórios. Que tal pensar em algo novo para a Gaia?", sugeri.

"Bem, tem um setor que está crescendo cada vez mais, securitização do agronegócio. Trabalho faz algum tempo nessa área, que deve crescer muito nos próximos anos", ele disse. Minha primeira reação foi negativa. "Sou vegetariano, ajudo o Greenpeace, temos uma tendência ecológica na Gaia. Financiar confinamento de gado seria incoerente", afirmei.

"E reflorestamento?", ele indagou e prosseguiu: "As árvores captam CO_2 da atmosfera, é um ativo de longo prazo, com boas garantias, sem grandes variações no preço e com poucos riscos climáticos".

A ideia parecia boa. Após uma reunião, saímos acreditando que faria todo o sentido a securitização financiar o reflorestamento. Assim, montamos a Gaia Florestal, mesmo sem saber quase nada do assunto. Seria uma das primeiras securitizadoras do agronegócio no país.

Nós pouco sabíamos de reflorestamento, mas poderíamos aprender. Fomos conhecer florestas em vários estados e visitamos diversas empresas do setor. A cada lugar visitado, a cada conhecimento adquirido, ficávamos mais entusiasmados. O negócio realmente iria explodir.

Nessa época, já éramos os maiores do país na securitização imobiliária e atraíamos certa atenção. Conversando com um repórter do *Valor Econô-*

mico, falei da Gaia Florestal. Ele gostou e fez uma reportagem sobre o setor e os nossos planos. Pediram pra tirar uma foto minha. Liguei para uma amiga repórter e perguntei: "Será que devo tirar essa foto? Quero que a Gaia apareça, não eu". Ela me ensinou que reportagem com foto atrai mais leitores. Aceitei. Na reportagem, saiu uma foto minha olhando para o além.

Um dos leitores foi o advogado Renato Buranello. Depois de ler, ele me mandou um livro de sua autoria com uma carta de apresentação e um cartão de visitas. Uma ótima jogada de marketing. Mas nem precisava, porque já tinha ouvido falar muito do Renato, um dos advogados mais conhecidos no agronegócio brasileiro. Agradeci o livro, e ele sugeriu uma reunião. A partir de então, viramos amigos e fizemos diversos negócios juntos.

Algo fundamental para todo empreendedor é acreditar no seu negócio e ir pra cima sem medo. Além disso, é preciso ter conhecimento. Quando entramos no ramo do agronegócio, procuramos entendê-lo o máximo possível, sempre falando com as melhores pessoas, lendo bastante e buscando encontrar oportunidades ainda inexploradas.

Sangue Azul

Nem só de negócios vive uma empresa. Temos uma função social com os funcionários, clientes, fornecedores e com a sociedade como um todo. Pensando nisso, e inspirados em um amigo, criamos o Sangue Azul.

Esse amigo, que serviu de exemplo para mim, todo ano pede de presente de aniversário que as pessoas doem sangue. Pode ser para qualquer pessoa, mas elas devem doar. Tomei essa atitude para mim mesmo e passei a aplicá-la também no meu aniversário.

Em outubro de 2012 resolvemos institucionalizar essa prática. Fizemos disso um evento oficial da Gaia, o Sangue Azul.

Montamos uma campanha interna e nas redes sociais para angariar o máximo de pessoas para doarem sangue. Todos da Gaia são convidados, colocamos uma camiseta azul e fazemos uma boa bagunça. Levamos materiais educativos e divertidos para as pessoas, tiramos fotos e, principalmente, ajudamos.

Desde outubro de 2012 até hoje, temos orgulho de ter incentivado várias pessoas que nunca haviam doado a se tornarem doadoras. Não dói, a pessoa sente apenas um pequeno belisco em uma fração de segundo quando a agulha é inserida na veia. É muito pouco se comparado à enorme ajuda que ela está prestando.

Todos os dias milhares de pessoas precisam de sangue, seja por conta de acidentes, cirurgias ou até mesmo para portadores de hemofilia, leucemia e anemias. Como o sangue ainda não tem um substituto e nem todos podem doar (seja por peso inferior a 50 kg ou por histórico de algumas doenças), é desejável que os potenciais doadores o façam pelo menos duas vezes por ano. A cada doação você ajuda outras quatro pessoas. Esse é um forte ato de solidariedade, cidadania e amor.

Todo ano, sempre em fevereiro (aniversário do meu amigo) e outubro (meu aniversário), fazemos a campanha do Sangue Azul. Imagine se todas as empresas incentivassem os funcionários a doar sangue duas vezes por ano? Certamente o déficit dos bancos de sangue poderia se transformar em superávit.

Disputa de condomínios

A empresa mais parceira da história da Gaia é a agência de publicidade Sagarana. Mesmo antes de existirmos, já a contratamos para fazer nosso logo, e desde então todo mês estamos fazendo algo juntos. Poucos entendem tão bem o que é a Gaia como ela. É extremamente importante construir relacionamentos de longo prazo com outras empresas de forma que os vínculos e a ajuda transcendam a simples relação de prestação de serviços.

Certa vez, ainda em 2009, participamos de uma reunião com o Green Building Council Brasil, entidade que certifica os prédios ecologicamente corretos por meio de uma concessão do selo Leed. Na reunião, nos foi dito que os prédios residenciais ainda não tinham conscientização ambiental, apenas os edifícios comerciais.

Na hora, tive uma ideia. Falei: "E se montássemos uma disputa de condomínios para ver quem economiza mais água?". Todos acharam interessante. Seria algo simples: faríamos uma campanha e quem proporcionalmente economizasse mais água seria premiado. De posse dessa ideia, a Sagarana começou a trabalhar, a ir atrás de patrocinadores, apoiadores e a montar o material publicitário. Em 2012, quase três anos após aquela nossa primeira reunião, foi lançada a Disputa de Condomínios no bairro de Moema.

A disputa se apresentava da seguinte maneira: "Esta campanha tem o objetivo de estimular os moradores de condomínios residenciais a utilizarem água de maneira consciente, premiando, ao final de dois meses, o condomínio com a maior redução dos seus desperdícios de consumo". Todos os condôminos e funcionários dos prédios receberam materiais informativos com dicas para novos hábitos de consumo. Foram oferecidas palestras para os moradores e treinamento para os funcionários, ensinando práticas sustentáveis na utilização da água. Cada apartamento do condomínio vencedor e o próprio condomínio (áreas comuns) ganhariam uma série de equipamentos, incluindo chuveiros, torneiras, válvulas de vazão, registros e instalação gratuita.

A campanha foi realizada nos meses de junho e julho de 2012, com catorze condomínios, que juntos economizaram quase 2 milhões de litros de água, o que equivale a 190 carros-pipa. A mídia espontânea foi espantosa, a campanha saiu nas emissoras Globo, SBT, Futura, Gazeta e MGM, nas rádios Jovem Pan, CBN e Bandeirantes, e em dezenas de *sites* na internet. A audiência atingida foi de 16,7 milhões de pessoas. Para atingir tal espaço nessas mídias, o investimento necessário seria de R$ 2,3 milhões. E sabe quanto foi investido em mídia? Zero! Sim, não houve nenhum investimento em propaganda.

Conseguimos ver na prática como uma simples mudança de mentalidade pode fazer bem para o nosso planeta. Por generosidade, a Sagarana colocou o Grupo Gaia como idealizador. Ficamos muito felizes com isso, mas o mérito é todo deles, pois ideias todos têm, realizá-las são outros quinhentos.

Dentre os catorze prédios participantes de Moema, o vencedor foi o que eu morava! A Globo foi entrevistar o zelador, o síndico, os funcionários... foi muito satisfatório. O síndico não parava de me agradecer por ter indicado o nosso prédio para participar. Mal sabia ele que eu tinha sido um dos idealizadores.

Nessa época, nem imaginávamos que dois anos mais tarde São Paulo teria a mais grave crise hídrica da sua história.

DISPUTA DE CONDOMÍNIOS
A competição em que todos são vencedores

economizar água,
além de fazer bem para o **planeta**,
faz bem para o **bolso**.

CENÁRIO

Na maioria dos condomínios residenciais a conta de água é coletiva e o consumo é dividido igualmente entre cada apartamento, por isso o morador não sabe quanto realmente gasta. Esta desinformação dificulta o engajamento coletivo no uso consciente e, com isso, todos saem perdendo: os moradores, o condomínio e o planeta.

DESAFIO

Estimular a redução dos desperdícios de água e o engajamento coletivo de maneira consciente, informando aos moradores e funcionários dos condomínios que pequenas mudanças no hábito de consumo ajudam a economizar água a curto prazo e também fazem muito bem para o planeta e para o bolso de cada um.

IDEIA

Criar uma disputa entre condomínios de um mesmo bairro e premiar aquele com a maior redução dos seus desperdícios de consumo em um período de dois meses comparado com o mesmo período do ano anterior. Como prêmio, equipamentos economizadores de água foram entregues e instalados sem custo nas áreas comuns e nos apartamentos do condomínio vencedor.

Para a mobilização, todos os moradores e funcionários de 15 prédios receberam materiais informativos e educacionais com dicas para novos hábitos de consumo. Além disso, palestras aos moradores e treinamento aos funcionários abordaram práticas sustentáveis na utilização da água.

A comunicação da Campanha contou com:
Site • Facebook • Mala direta • Cartilha • Adesivos • Informativos • Papéis de parede • Cartazes • Concurso cultural *"Um Banho de Ideias"* com premiação • Placa de participação • Troféu

RESULTADOS

- Em apenas 2 meses foram economizados **1.894.822 litros** de água, quase 190 caminhões-pipa
- **10%** de redução média de consumo entre todos os condomínios
- **14%** de economia no condomínio vencedor
- **80%** dos condomínios diminuíram seu consumo
- Audiência total de **16.781.198** pessoas com investimento **R$ 0** em mídia
- Planejamento de expansão da *Disputa* para outras regiões da cidade, colégios, restaurantes, estabelecimentos comerciais e hotéis

Como a própria assinatura da campanha ressalta, ao término da *Disputa de Condomínios* todos saíram vencedores: os moradores diminuíram suas despesas, os prédios economizaram mais e o planeta desperdiçou menos água.

sagaranacomunicacao.com.br

Gaia nas Olimpíadas

Certo dia me ligou um repórter da revista de bordo da British Airways, uma das principais companhias áreas do mundo, concorrente da Virgin Airways, de propriedade de Richard Branson, aquele primeiro empreendedor em quem me inspirei.

Naquele ano seriam realizados os Jogos Olímpicos de Londres, e durante o evento haveria um encarte especial do Brasil em todos os voos da companhia, já que seríamos sede dos próximos jogos. Não sei por que cargas d'água resolveram me entrevistar, mas topei. Pouco depois, perguntaram se teríamos interesse em anunciar na revista. Achamos caro, mas se algum dia alguém que pegasse um voo fizesse um negócio com a Gaia já pagaria a conta e ficaria barato.

Topamos fazer. Graças à criatividade da Sagarana, o anúncio dizia, em inglês: "Não somos jamaicanos, mas somos precisos como um raio", que em inglês é *bolt*, fazendo um trocadilho com a lenda do atletismo Usain Bolt. Ainda bem que o Usain Bolt viria a ganhar tudo o que disputou naqueles jogos olímpicos. Mesmo assim, aquele anúncio não nos rendeu nenhum negócio, mas acabou valendo a pena porque me despertou a ideia de criar uma marca de foto para a Gaia. Sempre, mas sempre mesmo, quando tiramos uma foto em grupo, fazemos a pose do Usain Bolt, em que todos apontam e olham para o além. Seja no palco de uma corrida, na reforma do escritório ou na Bolsa de Valores de São Paulo, onde já fizemos fotos mais de uma vez. Isso nos deu uma "cara" e passou a ser uma diversão compartilhada entre nós, que trabalhamos na mesma empresa.

Czarnikow

Em novembro de 2012, após onze meses procurando aprender a dinâmica do agronegócio, e sem ter feito nenhum negócio, Renato Buranello nos apresentou para a Czarnikow, que, apesar do nome de facção criminosa da Rússia, é uma das principais *tradings* de açúcar do mundo. Basicamente, eles compram e vendem açúcar. A Czarnikow é uma empresa inglesa com mais de cento e cinquenta anos. No Brasil, o time que dirige a empresa é bastante simpático. Mesmo assim, na primeira conversa que tivemos, disseram que já tinham ouvido muito sobre securitização do agronegócio, mas que não acreditavam em seu potencial.

Apesar de ter montado a Gaia Florestal em janeiro e de não termos feito nada nos primeiros onze meses, na base da conversa consegui convencê-los de que poderíamos montar uma boa operação para um cliente deles, um grande produtor rural que tinha um contrato de venda de cana com um grupo agroindustrial importante.

Estávamos acostumados a fazer operações imobiliárias de dez ou quinze anos. Os prazos para o financiamento do agronegócio eram muito mais curtos. Algo em torno de três anos era considerado excessivamente longo. Mas não sabíamos disso. Sugerimos fazer uma operação de quatro anos e meio. O pessoal que atuava no agronegócio falava que não ia dar certo, pois era longo demais, mas fomos beneficiados pela máxima: "Não sabendo que era impossível, foi lá e fez".

Para montar esse negócio, teríamos de nos cercar de pessoas e instituições muito boas e competentes. Como já disse, éramos novos na área e conhecíamos pouco as suas especificidades, portanto uma operação mal feita poderia enterrar algo que estava nascendo. Já tínhamos a assessoria jurídica do escritório de advocacia Demarest e a assessoria técnica da Czarnikow. Resolvemos ir atrás de um banco grande e sério que conhecesse o agronegócio, por isso trouxemos o Banco do Brasil. Depois de tudo acertado, montamos o primeiro CRA da Gaia Florestal. Foi uma operação de pouco mais de R$ 40 milhões vendida para grandes investidores do banco.

Logo após a liquidação, Renato Buranello me chamou e disse que o nome Gaia Florestal causava confusão nas pessoas, pois parecia que só trabalhávamos com florestas. Concordei. Mudamos o nome para Gaia Agro. A última coisa que você quer é deixar seu cliente sem saber o que você realmente faz.

Quase deixamos 20 mil pessoas na rua

A cada novo negócio que fazemos, os outros continuam sendo desenvolvidos a todo vapor. Ao montar algo novo, os demais segmentos sempre devem ter pessoas focadas, de forma que continuem a caminhada. Assim, mesmo tocando novos negócios na Gaia Agro, não deixamos de lado os outros empreendimentos. No ramo imobiliário, um dos focos da Gaia é a área de loteamentos, pois nesse setor não há competição com os bancos. Mesmo quem não conhece, pode imaginar o quão difícil deve ser concorrer com bancos no Brasil.

Em 2012, a Scopel, na época uma das maiores loteadoras do país, crescia de forma bastante acelerada e tinha grande necessidade de recursos financeiros. Sempre tivemos o objetivo de fazer uma linha de produção na securitização, algo como ter uma linha de montagem. A securitização sempre foi "manual" e queríamos algo mais industrializado. Com a Scopel começamos a fazer tantos negócios que o modelo foi se concretizando. Apelidamos essas operações de Fast-CRI, pois tínhamos planilhas e minutas padronizadas, e assim conseguíamos realizar uma operação em uma semana. Algo que parecia inimaginável pouco tempo antes.

Todas as operações tinham como devedora a Scopel, controlada pelo Carlyle, um dos maiores fundos de investimento do mundo. Isso nos dava tranquilidade, pois uma empresa com um sócio tão grande dificilmente se tornaria inadimplente.

Tudo ia muito bem, até que começaram a aparecer boatos de que a loteadora estava com problemas financeiros.

Certo dia um banco nos chamou para uma reunião. Eu não pude ir. Vinicius e Fernanda foram.Voltaram perplexos:"Nos colocaram numa sala gelada e nos massacraram a reunião inteira. Disseram que o mercado já sabe que a Scopel não vai pagar, mas estão nos acusando de não termos controlado direito". E continuaram, assustados:"Já disseram que vão fazer de tudo para que a Gaia pague pelo menos parte dessa conta".

"Tudo estava indo tão bem, só faltava essa", pensei."Mas realmente erramos?", perguntei.

"Certamente não controlamos tudo que deveríamos, mas a inadimplência não se deve a isso. Acontece que, em uma situação de estresse como essa, vai ter uma caça às bruxas, e vão tentar jogar a conta para a Gaia", explicou Vinicius.

Tensão no ar. Precisávamos fazer alguma coisa para resolver o caso. Os focos seriam melhorar os nossos controles e paralelamente entrar em um processo de negociação com a empresa para que ela pagasse tudo. Pagando, não haveria discussão, tampouco a tal caça às bruxas.

Os investidores contrataram um escritório de advocacia para defendê-los (e, se fosse o caso, para nos atacar).

A primeira estratégia era nos aproximar da Scopel e dos investidores. Não poderíamos entrar em conflitos excessivos com a loteadora, senão eles fariam birra e a negociação entraria para o lado emocional; mas também não poderíamos ser muito bonzinhos, senão ficaríamos no fim da fila.

Já para os investidores deveríamos mostrar que estávamos totalmente alinhados com eles, para ganhar a confiança de forma que percebessem que era melhor estar ao nosso lado e não contra nós.

Tudo ia caminhando bem até que a Scopel contratou um grupo de consultores para negociar. O que poderia ser uma ótima ideia se tornou quase um suicídio. Os negociadores entraram com uma postura agressiva e desnecessária. Presenciamos até bate-boca em reunião com os investidores. A coisa parecia ir toda por água abaixo.

Os investidores resolveram decretar vencimento antecipado. Isso significa que todas as dívidas venceriam e a Scopel deveria pagar à vista. É como se os investidores apertassem um botão que acabasse com a empresa, o que prejudicaria as vinte mil pessoas que compraram imóveis, pois as obras iriam parar. Não poderíamos deixar aquilo acontecer. Imagine o problema sistêmico que teríamos com todos aqueles mutuários!

A muito custo conseguimos segurar essa tragédia, felizmente, mas por tempo determinado. Se a situação não fosse resolvida quase que imediatamente, eles pediriam o tal vencimento antecipado. Num ato tardio, porém de lucidez e sanidade, a loteadora retirou os consultores da negociação, e o diretor financeiro, que passara a ser presidente, voltou à frente das tratativas. Com a conversa retornando a tons mais amigáveis, buscamos alinhar os interesses dos investidores com as necessidades da empresa, para que ela voltasse a respirar.

As reuniões com os investidores eram semanais. Algumas muito tensas, outras mais amenas. Mas sempre com os advogados analisando cada respirada que dávamos. Aos poucos, o Carlyle (fundo que era sócio da Scopel) foi injetando mais capital, e o entendimento foi se aproximando. Foram meses intensos até conseguirmos assinar um acordo que satisfazia a todos. "Que alívio!", era a única coisa que passava em nossa cabeça.

Os investidores, felizes com o nosso trabalho, nos chamaram para uma comemoração em uma churrascaria. Fomos com muito orgulho, felizes pelo que nossa vitória representava. Muito além dos investidores, um erro no processo poderia prejudicar milhares de famílias.

É interessante dizer que a nossa postura durante a crise gerou um valor inestimável para a Gaia. Vários desses investidores ficaram próximos de nós e não só investiram de novo como indicaram amigos para comprarem nossos produtos. Ou seja, o processo inteiro foi cansativo e desgastante, mas valeu a pena.

Em momentos de crise, é importante manter a tranquilidade, enfrentar o problema de frente e pensar em todas as consequências que nossas atitudes podem causar.

Apesar de não gerar nenhuma receita direta, pegamos alguns dos principais e mais caros executivos da Gaia para resolver o assunto, e com isso deixamos de fazer negócios, mas no longo prazo estávamos criando valor para a nossa marca e gerando credibilidade. Os investidores perceberam que sempre estaremos lá para resolver o que for preciso.

O funcionário que aumenta a felicidade da empresa

Desde os meus 11 anos tenho o prazer de conviver com meu primo Thomaz, que tem síndrome de Down. As pessoas da minha família são muito próximas, sempre estamos juntos na casa do meu avô Nino, e por isso pudemos acompanhar o desenvolvimento de Thomaz. É uma das pessoas mais disciplinadas, verdadeiras e empáticas que conheço.

Quando começou a trabalhar na Droga Raia, Thomaz mostrou com orgulho seu crachá para toda a família. Aquilo me fez pensar. Onde, nos dias de hoje, encontramos alguém com tanto orgulho da sua empresa?

A McKinsey & Company desenvolveu um índice para medir a saúde organizacional, o *Organizational Health Index* (OHI). Essa ferramenta analisa nove dimensões que, em conjunto, definem o nível de "saúde" de uma empresa. Segundo o estudo, as pessoas com síndrome de Down impactam positivamente cinco dos nove quesitos do OHI. São eles: liderança, imagem externa, motivação, cultura e clima, e coordenação e controle.

Alguns dados interessantes:

- Oitenta e três por cento dos entrevistados disseram acreditar que os supervisores diretos dos Down se tornaram mais habilitados para resolver conflitos, pois passaram a ter uma atitude mais humana e menos autoritária.

- O jeito simples e direto de se comunicar e a empatia que tipicamente demonstram são muito apreciados pelo público. Em pesquisa na Droga Raia, 80% dos clientes disseram que os Down têm um impacto positivo no atendimento.

- Ao ver pessoas com deficiência fazendo suas tarefas e superando dificuldades, os demais funcionários tendem a se motivar e a reclamar menos (no McDonald's, 85% dos entrevistados concordam com isso).

- A presença de uma pessoa com Down torna o ambiente mais colaborativo e o grupo mais unido, segundo 88% dos entrevistados.

- Pelo menos 50% do sucesso no longo prazo de uma empresa se deve à sua saúde.

"Precisamos disso na Gaia", pensei no fim de 2012. Pedi a Aline que entrasse em contato com a ADID, que é a escola onde o Thomaz estudou e que mantém um trabalho de preparação desses jovens para o mercado de trabalho. Marcamos uma reunião na Gaia com a Ângela, representante da ADID, que nos apresentou o Luis Octávio e seus pais. Dava para sentir a felicidade dos pais ao participarem daquela entrevista de emprego. Estavam orgulhosos do filho. Luis já trabalhava havia alguns anos, mas a empresa se mudou de São Paulo, e ele saiu.

"Queremos contratá-lo não por caridade nem por obrigação, até porque não há ainda essa obrigação legal, mas porque entendemos que ele pode ser muito útil no seu trabalho, além de fazer bem para a Gaia em aspectos mais humanos, o que valorizamos muito", expliquei. Os pais alertaram: "Ele é muito metódico, tudo o que pedirem, ele vai até o fim. Isso às vezes é ruim, pois é difícil mudar sua rotina. Se todos os dias ele tiver de pegar as cartas às 16 horas e um dia o superior dele falar que não é para pegar, ele vai fazer de tudo para ir lá e fazer o serviço que está na rotina dele".

Acertamos a contratação do Luis Octávio, sendo coordenado pela Aline e supervisionado pela ADID. Antes de ele começar a trabalhar, organizamos uma palestra para todos os funcionários a fim de explicar um pouco sobre a síndrome de Down. Essa etapa é importante, pois esclarece dúvidas e prepara todos. Parece complexo, mas é algo mais fácil do que parece. A principal mensagem é: não devemos ter qualquer sentimento de pena e devemos tratar a todos normalmente, pois portadores de síndrome de Down querem ser tratados como todos os outros. A receptividade dos funcionários da Gaia foi muito positiva, e não esperávamos nada diferente disso.

Quando criança, o Lu, como ele é conhecido, teve problemas auditivos, por isso sua fala foi um pouco prejudicada. À primeira vista é um pouco mais difícil entender o que ele fala. Acontece que, ao fazerem um esforço para compreendê-lo, as pessoas se aproximam ainda mais dele e criam vínculos mais fortes.

Imagine alguém que todos os dias chega sorrindo — o que, por sinal, é um dos nossos valores —, abraça sem qualquer constrangimento os amigos mais próximos e diz: "Gosto muito de você". Alguém que é extremamente sincero — outro valor da Gaia —, mas fala de um jeito tão simples e verdadeiro que não machuca ninguém. Alguém que se dedica sempre com o mesmo afinco, independentemente do trabalho que lhe pedem para fazer. Alguém que, quando está realizando uma tarefa, consegue abstrair todo o barulho do ambiente e se manter imerso na atividade. Esse alguém é o Lu.

Quando participa das festas (fazemos algumas durante o ano), ele dança sem se preocupar com o que os outros vão pensar, pois só quer se divertir. Sua pureza e sinceridade são muito enriquecedoras para os demais.

Assim como deve ser feito em todas as funções dentro de uma empresa, é importante designar de forma bem definida as tarefas que se enquadrem no perfil do funcionário. Ter um acompanhamento externo no começo facilita um desempenho melhor. É assim com todos.

Certamente aprendemos com ele muito mais do que ele aprende conosco. Sugiro aos que estão nessa posição que, quando tiverem oportunidade, contratem alguém com síndrome de Down. É algo que traz efeitos positivos tanto para a empresa quanto para o contratado. Isso não é caridade, mas um ato de inteligência, sabedoria e compaixão. Além de útil para suas atividades, aumenta a saúde da empresa.

Como é o perfil de quem trabalha em uma empresa que esteja em busca de ser saudável?

No primeiro estágio de uma empresa, quando ela necessita buscar formas de sobreviver, precisamos de funcionários que sejam "pau pra toda obra". Já no segundo, quando o objetivo é ter negócios saudáveis, o foco é outro. Nessa fase, é importante ter os especialistas que vão organizar as áreas de forma que o negócio possa crescer de maneira sustentável. Por exemplo, é vital que os departamentos financeiro e jurídico estejam bem arrumados desde o início. É comum ver pessoas que se destacam muito no início da empresa, mas depois perdem o brilho por não possuírem a tecnicidade necessária para esse novo degrau.

EMPRESAS SAUDÁVEIS

1. Quem é insubstituível é "impromovível".
2. Aprenda com suas experiências, erros e acertos. Seja humilde, mude a rota.
3. Se uma negociação estiver difícil, coloque pessoas isentas para negociar.
4. Mantenha sempre o ambiente leve, descontraído e divertido.
5. Não crie preconceitos. Não é porque determinada pessoa age de um jeito que outras agirão assim.
6. Ajude o máximo de pessoas que puder sem esperar nada em troca.
7. Se tiver sócios, combine o jogo antes de começar, principalmente as regras em caso de separação.
8. Em negociações mais emocionais, mantenha a calma e procure sempre uma solução que seja boa no longo prazo.
9. Doe sangue.
10. Contrate alguém com síndrome de Down.

Passo 3:
Empresas felizes

Começamos lutando pela sobrevivência e depois buscamos hábitos saudáveis. Agora, vamos em busca da moeda mais valiosa do mundo, que é a felicidade. Pessoas satisfeitas, felizes, são mais saudáveis, mais otimistas e produzem mais.

2013:

O ano dos valores

O processo de crescimento e amadurecimento da Gaia passou pela ação de nos tornar mais saudáveis e sustentáveis no longo prazo. Acredito que uma empresa madura saiba se divertir. Na Gaia, os clientes percebiam que éramos pessoas que se divertiam no trabalho. Penso que essa percepção por parte deles os ajudou a continuar fazendo negócios conosco, ou seja, a se tornarem clientes fiéis. Tenho certeza de que várias empresas trabalharam com a Gaia não em função de custos (mesmo porque nosso custo não era baixo), mas pelo jeito como agíamos, pela nossa atitude.

No escritório, meu passado de monitor de acampamento vinha à tona. Era comum eu achar que estava com um grupo de acampantes fazendo brincadeiras, quando, na verdade, estávamos trabalhando. Certo dia, já no fim da tarde, toquei músicas dos anos 1980 no computador. Algumas meninas estavam perto e começamos a cantar a música "Amigos do Peito", do Balão Mágico. Me empolguei. Na segunda-feira seguinte, estávamos às 8 horas no Parque do Povo gravando um videoclipe, no qual as mulheres eram os garotos e eu, a Simoni. Quando mostramos o clipe para os funcionários da empresa, todos ficaram boquiabertos e caíram na gargalhada. Pareceram não acreditar no que estavam vendo, mas a verdade é que esse sempre foi o nosso jeito. Aquela tarde foi engraçada demais.

Naquele ano de 2013 pensamos muito na satisfação e na felicidade e em como ela é um componente importante para a vida. Então, formalizamos a felicidade como parte da missão do Grupo Gaia.

Os quatro anos de Gaia

No dia 18 de março de 2013, quando completamos quatro anos de Gaia, escrevi um *e-mail* para todos da empresa. Reproduzo aqui o texto:

Há exatos quatro anos resolvi colocar em prática um sonho... não era um sonho antigo ou de criança, mas um desejo que tomou forma poucos meses antes.

Réveillon de 2008 para 2009. Eu estava em uma livraria em Orlando folheando livros (um hábito que adoro), quando resolvi comprar Business Stripped Bare, de Richard Branson, fundador da Virgin, e que na época eu mal sabia quem era.

Não fazia ideia de que esse livro e essa tal Virgin seriam as sementes da inspiração para os próximos anos da minha vida!

Temos mil histórias, desde a criação do logo, a compra do site da ONG, a criação das novas Gaias, os trocentos negócios, os inúmeros passeios, as brincadeiras, o filme, as festas, as corridas, as pessoas que deixaram a sua marca, as que ainda hoje deixam... enfim, esses quatro anos têm sido um período intenso!

Cada um que faz (e fez) parte do Grupo Gaia é responsável por termos vivenciado esses quatro anos de forma saudável e gostosa. Nem tudo são rosas, mas prefiro olhar o mundo com óculos rosados.

Daria para escrever um livro sobre esse período. Só de agradecimentos, teríamos várias páginas... Mas vou pontuar aqui alguns dos muitos aprendizados que a Gaia nos proporcionou nesses anos maravilhosos:

- *Faça as coisas com amor. Independentemente do que fizer, faça com amor.*

- *O entusiasmo e a fé são capazes de coisas que a razão desconhece.*

- *Pessoas felizes têm mais chance de ter sucesso. Os otimistas também.*

- *Cada pessoa é um mundo que devemos entender e respeitar. Nós, seres humanos, escutamos apenas o que nos interessa e tiramos nossas próprias conclusões. Não tente convencer o mundo de que você está certo, é perda de tempo e de energia, até porque você não deve estar tão certo assim.*

- *Não tente agradar a todos, certamente essa não será a melhor opção para todos.*
- *Trate muito bem todo mundo, incluindo você.*
- *Ouça os outros e a sua intuição.*
- *O mundo é um espelho.*
- *Mire longe, pense grande, mas viva o presente e dê um passo de cada vez. Fazendo assim, os percalços serão elementos motivadores e não problemas intransponíveis.*

Por fim, uma frase que estava na contracapa do livro que inspirou a Gaia... "The brave may not live forever but the cautious do not live at all"[1] (Meg Cabot).

Parabéns a todos que construíram o Grupo Gaia e que já fazem parte da nossa história... isso é só o começo!!!

Meta dos 100 km

Voltando um pouco no ano de 2013, em fevereiro lancei um desafio para os gaianos. Todos que quisessem deveriam colocar uma meta para realizar fora do ambiente de trabalho. Poderia ser qualquer coisa, o objetivo era simplesmente se superar. Eu escolhi andar 100 km de *bike*. E consegui.

Para contar essa experiência, reproduzo o *e-mail* que escrevi a todos da empresa logo após o desafio, na emoção da conquista.

---

1 "O corajoso pode não viver para sempre, mas o cauteloso não vive de maneira alguma." (N. E.)

Os meus 100 km, 10/03/2013

100 km...não sei onde estava com a cabeça quando inventei essa meta.

Nos últimos cinco meses, devo ter andado só uma vez de bike (semana passada)... mas tenho uma característica (que eu gosto) que é ir atrás das coisas, principalmente as que coloco na cabeça... E se fui inventar isso... "vambora"!

Queria sair às 7h00... mas não me forcei... e estava pronto às 8h30! Pronto, leia-se, óculos escuros, dinheiro, capacete e um saquinho de água.

Comecei estratégico... segurando o ritmo... estava muito bem nos primeiros km... calculava a porcentagem que já tinha feito e quanto faltava, quase que uma calculadora sobre rodas, exceto pelo fato de que cada 1 km representava 1%, portanto, quando atingi os 20 km, tinha percorrido 20% da meta e faltavam 80%. Reconheço que a conta não é tão difícil, mas não tiro o meu mérito matemático ;-)

Faço uma pausa no texto para elogiar o jornal Destaque que estava distribuindo PowerAde (bebida energética) nos parques... excelente esse jornal! Não li nem guardei, mas já me ajudou muito mais do que a Folha que assino há 8 anos! Recomendo, comprem! E o PowerAde de uva verde também é muito bom, principalmente se você só trouxe um saquinho de água quente e pretende andar 100 km em um dia!

Cheguei bem nos 30 km, logo após uma conhecida subida (final da Inhambu/Helio Pelegrino). Estava tudo ótimo e dentro do planejado!

Quem já correu alguma vez nas ruas onde se passa normalmente de carro, provavelmente já teve a sensação de que a cidade é mais inclinada do que parece... os carros devem ter um dispositivo que transforma inclinações de até 20 graus em planos. Quando você está cansado correndo, percebe o quanto é íngreme, e quanto mais cansado, maior é a inclinação. Não é ilusão de ótica.

Os próximos 15 km foram matadores. O "corredor formado pelas avenidas" (para usar o jargão do rádio) Indianópolis, Jabaquara e Domin-

gos de Moraes é uma enorme pirambeira, não para de subir, subir, subir... Nesse momento todos os meus cálculos foram por água abaixo, a perna queimando, e vai, vai. Raça, vamos que ainda não chegou nem nos 40 km.

Enfim, cheguei na Av. Paulista "quase plana". Lá encontro uma bike estatelada no chão, trânsito desviado, o pessoal dizendo que um motorista bêbado atropelou um ciclista. Triste. Disseram que foi antes de abrir a ciclofaixa, mas nada tira a culpa desse irresponsável. Os boatos eram de que o ciclista estava no hospital. Torci para que se recuperasse bem. Mais tarde, eu saberia pelos jornais que aquele ciclista, que estava indo trabalhar, teve o braço esquerdo amputado, mas sobreviveu. O motorista foi condenado a seis anos em regime semiaberto e multa.

Apesar de um pouco abalado, voltei ao meu périplo. Cheguei ao final da Paulista cansado, mas evoluindo. Lá estava eu no km 45... Logo, logo alcançaria a metade da minha meta.

Na volta do "corredor formado pelas avenidas…", era quase só descida, o que comprovou a minha tese de que a ida realmente tinha muitas subidas. Na República do Líbano, um buraco gigante no meio da pista, impressionante! Parei para tirar foto. Era gigante mesmo, mais de um metro de profundidade, com diâmetro de uma pista inteira.

Já eram quase duas da tarde quando resolvi almoçar. Tomei 800 ml de caldo de cana com caju e um pastel de queijo. Adequado, né? Mas era o que tinha, e eu estava achando que o tempo não ia dar (a ciclofaixa fecha às 16h00). Ainda restavam 40 km, já tinha batido minha marca pessoal de 60 km em um dia, mas o chão pela frente era longo e a perna seguia queimando, queimando... comecei a repetir caminho, passando por locais onde já havia passado, os mais fáceis, nada do "corredor formado pelas avenidas…".

Até que no km 78, São Pedro resolveu dar o ar da graça e despejou toda a água que podia. As pessoas que andavam de bike pararam dentro do túnel para se proteger. Eu não quis nem saber…, pois eu tinha a minha meta. Se não tivesse, talvez ficasse esperando também. Não pensei em parar, a única coisa que veio na minha cabeça é que eu sabia nadar e se acontecesse algo terminaria a meta nadando... rs... mas não foi preciso... Depois de me encharcar, a chuva parou e o sol voltou.

Para me motivar, no começo eu traçava minimetas de 15 km. Depois, mudei para 10 km, e no fim já tinha metas de 5 km. A cada minimeta eu comemorava quietinho, para ninguém estranhar um louco fechando o pulso e comemorando gol no meio da ciclofaixa, enquanto ainda continua pedalando.

Não sabia mais se minha perna estava explodindo, ou o quê... Eu estava no automático... Fiquei dando voltas no Parque do Povo... atingindo minhas minimetas.

Até que no km 90, quando já me sentia quase um herói, puxei papo com o tiozinho que segurava a bandeira na esquina da Av. Santo Amaro com a Av. H. Pelegrino. Ele estava lá desde as 6h00, de pé, tinha comido apenas um lanchinho e ficava levantando e abaixando a bandeira a cada minuto. Ele estava feliz da vida e devia ter o dobro da minha idade... E eu me achando o herói porque estava passeando de bike.

Entrei na Av. Rouxinol. Parecia uma miragem... Vi o meu prédio! Mas peraí, ainda estou no 96,1 km. Ando mais um pouco e, quando passo na frente do Edifício Ponte de Rialto (o meu), estou no 96,6 km. Ninguém faz ideia do que é arranjar 3,4 km em Moema depois de andar mais de 90 km. Bom, comecei a ir pra todo canto... para uma pracinha... Pedalei, pedalei, no meio dos carros, e o marcador não mudava... Sensação de que estava há uma hora dando voltas nos quarteirões de Moema. Entrei de novo na Rouxinol, refiz o cálculo... Ouvi o Galvão Bueno na minha mente dizendo "apontou na reeetaaa não peeerde maaaais" (é verdade, depois de muitas horas você fica sem noção das coisas e acredita nisso).

Sigo firme e forte, emocionado e muito, mas muito cansado mesmo, e faço umas contas rápidas com o número do prédio... Adivinhem... 99,85 km... Faltavam mais 150 metros, e vamos a mais uma volta no quarteirão. Não imagino o que o porteiro do meu prédio pensou ao me ver tantas vezes cruzando a portaria. Provavelmente em todas abriu o portão, e, como sou desligado, deve ter pensado que eu não achava o prédio... Finalmente, na rua do lado, na Alameda Jauaperi, atingi a marca histórica, o tão sonhado km 100! Nossa, que sensação boa!

Andei alguns metrinhos a mais de lambuja, metros necessários para chegar ao prédio.

A sensação de atingir algo, qualquer que seja o objetivo, é muito gratificante! Devemos encarar todas as coisas na vida com otimismo e lutar da mesma forma, seja no trabalho, no esporte, na vida pessoal, sempre buscando crescer.

Na vida, o que me dá prazer é o realizar, o fazer. Assim como os 100 km, o dinheiro é uma consequência. Uma consequência extremamente necessária e importante, mas não o objetivo final. Nunca vi ninguém demonstrar felicidade autêntica contando o dinheiro que tem na conta, mas já vi um cara com sede, com fome, com dor na perna e cansado, e feliz da vida.

A maior dificuldade da corrida

A Gaia Esportes continuava a organizar suas provas, sempre buscando trazer algo novo. A Gabi usava sua criatividade para tentar surpreender os participantes. Teve prova em que colocamos palhaços logo após a subida, e eles ficavam abanando notas fictícias de dinheiro para estimular os participantes. Em outra, oferecemos pipoca para os "pipocas", que são os corredores que participam do evento sem se inscrever, prejudicando os demais. Já demos chinelo, pamonha, açaí, flores e por aí vai.

O problema de organizar eventos cada vez maiores é que ficamos progressivamente sujeitos a coisas que podem não estar no nosso controle. Na quarta edição que organizamos da Corrida Ilumina, como é chamada aquela prova beneficente, tudo parecia perfeito em todos os aspectos: percurso completamente fechado, ambulância, bombeiros e guarda de trânsito a postos, todo mundo tinha adorado os *kits*. As camisetas, troféus e medalhas estavam bonitos, muito bem feitos.

Boa parte das mil e quinhentas pessoas que correriam eram médicos, pois a Ilumina é uma associação beneficente formada por médicos. Logo após largarem, veio um recado por rádio. Avisavam que algo havia acontecido no primeiro quilômetro. Peguei o carro, fui dirigindo devagar atrás dos caminhantes. Encontrei uma ambulância no caminho, parei e falei com o motorista. Ele disse que estava tudo sob controle.

Assim, voltei para a largada a fim de coordenar a chegada dos primeiros corredores. Eu sabia que alguns corredores haviam passado mal por conta do forte calor, mas sempre havia um ou outro nessa situação, visto que a prova costuma ocorrer às 8 horas da manhã. Só que recebi outra mensagem no meu rádio. Era do diretor técnico. "João, vou falar devagar, preste atenção. Um corredor faleceu. Estou antes da ponte do primeiro quilômetro. Venha aqui, por favor." Saí correndo, peguei o carro e, quando cheguei ao local, caí na real: de fato, o corredor estava morto. Fiquei em estado de choque.

Assim que vi a esposa dele, que também participava da prova e vinha correndo logo atrás, saí do meu espanto, fui até ela e lhe dei um abraço. A treinadora dos dois também estava lá, e tanto ela quanto a esposa, apesar da péssima notícia e do estado de tristeza, disseram que tudo o que podia ser feito havia sido feito. Isso não me deixou menos triste, mas me deixou um pouco mais reconfortado. Afinal, a estrutura havia funcionado. Em menos de três minutos a ambulância havia chegado, os bombeiros também auxiliaram, e, imediatamente após ele cair no chão, alguns corredores médicos prestaram o primeiro atendimento. O corredor, que era esportista, sofrera um AVC e caiu no chão inconsciente, porém respirando. Durante vinte minutos tentaram recuperá-lo, mas o destino não quis assim. Se ele estivesse em casa teria acontecido a mesma coisa, mas não teria recebido atendimento tão rápido.

Enquanto a nossa equipe abria as ruas para o trânsito voltar a funcionar, ficamos eu, Adriana Brasil (médica e ex-presidente do Ilumina), o corredor falecido deitado no chão e coberto, sua esposa e sua treinadora esperando os trâmites. Foi um momento realmente difícil. Vieram os policiais, depois o IML, e nós fomos para o pronto-socorro. A treinadora estava desolada. Nesse tipo de situação as pessoas tendem a se culpar pelas coisas que acontecem, o que é extremamente prejudicial para elas. Durante todo o desenrolar, procuramos conversar, dar carinho e conforto. A presença de Adriana, médica experiente, ajudou muito.

Depois de algumas horas no pronto-socorro, o corpo foi liberado e seguiu para o velório, que aconteceria em São Pedro, cidade onde o corredor morava. Nos despedimos com muito pesar e tristeza e voltamos para encontrar o pessoal da organização e a direção do Ilumina. Os jornalistas estavam loucos para publicar algo.

Com muita sabedoria, a dra. Adriana conversou com eles e explicou o acontecido. Divulgamos uma nota de pesar, mas não fizemos estardalhaço. Pedimos que em respeito aos familiares evitassem explorar a tragédia, como é muito comum acontecer nos meios de comunicação. No dia seguinte, um jornal fez uma bela matéria falando do sucesso que foi a corrida, mas com uma nota sobre o ocorrido.

Mais uma experiência, mais uma vivência. Se pudesse escolher, com certeza nunca gostaria de passar por isso, mas a vida assim o quis e procurei agir da melhor forma dentro das minhas possibilidades. Estou certo de que naquele dia eu cresci um pouco mais.

Convite surpreendente!

Certo dia, em 2013, a Naty chegou ao meu lado e, com um ar empolgado, disse: "João, vou te surpreender, tive uma ideia muito legal e quero ver se você vai topar uma coisa inesperada que nunca fez". Quem estava perto deu uma olhadinha, com ar de curioso. "Fala logo, Naty, o que você está inventando?", eu disse já ansioso. "Conversei com o Bruno e queremos te convidar para celebrar nosso casamento", respondeu ela.

"Como assim? Eu? Tipo padre?", perguntei no susto. "Sim, estamos querendo economizar, você fala bem e temos certeza de que vai ser muito legal", ela respondeu.

Tem coisas que você imagina que um dia talvez faça, mas celebrar um casamento é uma experiência que nunca imaginei que um dia eu teria. "Claro, Naty! Convite aceito! Mas vocês têm certeza?", perguntei para checar se não era uma pegadinha ou um lampejo de insanidade de uma noiva querendo economizar um pouquinho.

"Conversei muito com o Bruno, queremos algo diferente, pensamos em uma pessoa da nossa religião, mas achamos que você faria uma coisa mais bacana", disse ela, não mais citando a economia como fator preponderante para a escolha. Assim, topei encarar uma experiência completamente nova. Deveria receber os noivos e os padrinhos, falar algo bonito, coordenar os juramentos, entregar as alianças. Perguntei se desejava algo especial, e ela disse que queria que eu conduzisse a prece de Cáritas e pedisse a seu pai para falar algumas palavras.

Desafio aceito, agora era pensar no que falar! Usei uma estratégia que funciona muito para mim: deixei as coisas fluírem, esperando a resposta chegar. Não fiz pesquisas, não procurei textos.

Segundo Adam Grant no seu livro *Originals*, os procrastinadores ativos, aqueles que começam uma tarefa e a deixam em aberto até o último momento, são mais criativos do que quem faz as tarefas rapidamente.

De acordo com o autor, Steve Jobs, Leonardo da Vinci, Martin Luther King Jr. e Bill Clinton eram grandes procrastinadores! Portanto, no que envolve criatividade, devemos começar logo e procrastinar propositalmente. Nesta época não conhecia essa teoria, mas já a praticava muito.

Na semana do casamento, as coisas foram se cristalizando na minha cabeça. Tinha certeza de que tudo daria certo e, quanto mais perto do momento, mais ideias boas eu teria. O casamento seria no dia 6 de outubro, um domingo. No sábado, dia 5, durante minha meditação, concluí que iria falar sobre felicidade e amor. Duas coisas extremamente importantes na vida de um casal.

Sábado à noite, pela primeira vez, me vi treinando para dar uma palestra. Gosto de falar de improviso, sem ensaiar, monto o esquema na minha cabeça e, como tenho tranquilidade durante a palestra, vou sentindo a temperatura e vou adequando. Se eu erro, dou risada de mim mesmo e sigo em frente, mas dessa vez era diferente. O casamento é um dos dias mais importantes e marcantes da vida do casal e de suas famílias. Eu não podia errar e dar risada de mim.

Outubro dinâmico

Chegou o grande dia. Eu e minha esposa Carol chegamos antes de todo mundo. Eu queria estar lá desde o início para me ambientar e sentir o clima.

Antes de palestrar, sempre tenho um friozinho na barriga, mas é só começar que o negócio some e me sinto alegre para falar. Imagino que os jogadores de futebol passam por isso até o juiz apitar, depois esquecem o extracampo e se envolvem no jogo.

Tentei falar coisas bonitas, úteis e inspiradoras para os noivos, dando dicas sem ser cansativo. Só li a parte dos votos. Meses depois, a Naty e o Bruno comentaram que viram algumas vezes o vídeo do casamento e que seguiram alguns dos meus conselhos, o que me deixou extremamente feliz.

Na semana seguinte, um conhecido do Banco Credit Suisse me chamou para uma reunião com alguns estrangeiros. Ao final, ele me disse que o banco estava promovendo um seminário sobre o mercado imobiliário e que um palestrante não poderia comparecer no dia seguinte. Então perguntou se eu poderia falar sobre securitização imobiliária. Aceitei. Fui lá, falei e deu tudo certo. Nos primeiros quinze dias do mês eu já tinha celebrado um casamento e feito uma palestra sobre mercado imobiliário! Mas a diversidade dos acontecimentos não parou por aí.

A cada dois anos o Brasil sedia a Sugar Week, uma semana cheia de eventos do mercado sucroalcooleiro. O ponto alto dessa semana é um jantar *black-tie* em um lugar bacana. O mais curioso desse jantar não é o fato de todos estarem vestidos de pinguim, mas uma aposta diferente que acontece durante o jantar. Sempre há um discurso de alguém representativo do setor, e no caso da noite em que eu fui o discurso era de Rubens Ometto, o maior usineiro do país. Até aí tudo bem, mas existe essa tradição de todas as pessoas apostarem, em suas mesas, quanto tempo irá demorar o discurso.

Errei por trinta e poucos segundos. Outra pessoa da minha mesa chegou mais perto e levou os R$ 50 de cada um dos outros nove integrantes do nosso grupinho de aposta. É engraçado, pois ninguém está preocupado com o que a pessoa diz, mas, sim, com o tempo que ela demora.

Voltando à semana do açúcar, fui convidado para palestrar em um evento organizado pelo escritório Santos Neto Advogados. E lá fui eu falar de financiamento para o setor sucroalcooleiro. Terminei o mês de outubro tendo feito casamento e palestras sobre o mercado imobiliário e o agronegócio. Muito divertido!

O site

Por volta de novembro de 2013 estávamos estudando um negócio com um banco de investimentos brasileiro e com o IFC, braço privado do Banco Mundial, em que seríamos parte da estrutura. Recebi uma ligação de um executivo do banco. Ele disse: "Que *site* é esse de vocês? Tirem do ar, senão vai prejudicar todo o projeto".

Tínhamos um *site* para cada empresa e um geral para o grupo. Nesse *site* geral havia uma seção apresentando os gaianos, e, como faz parte da nossa filosofia deixar tudo mais divertido, a apresentação das pessoas era descontraída. Por exemplo, ao lado da minha foto estava escrito: "Empreendedor, esportista e admirador do He-Man". Ao lado da foto do Bira se lia: "Curioso, inventivo e fã de batata frita".

Realmente, quando alguém acessa esse *site* sem estar ciente do nosso contexto pode não enxergar tanta credibilidade à primeira vista. Você imagina alguém explicando que aquela dupla composta por um homem que gosta do He-Man e outro que é fã de batata frita vai cuidar de vários milhões de reais?

Mas não poderíamos mudar a nossa essência por causa de um negócio. Prontamente escrevi um texto explicando todo o conceito da Gaia e dizendo que apesar de nos divertirmos éramos muito sérios (no sentido de corretos, não de mal-humorados) e que o nosso histórico comprovava isso. Convidei-os em seguida para uma apresentação da Gaia nos nossos escritórios, que, por sinal, parecem uma agência de publicidade. Cada sala de reunião da Gaia tem um tema: a Esportes tem imagens de corredores na parede, a Floresta possui uma linda imagem de árvores de parede a parede, a Cubo de Ideias, uma praia paradisíaca. No resto do escritório temos palavras motivacionais nas paredes. Tudo muito alegre!

Eles aceitaram e foram nos visitar. Ao final, tudo deu certo e o negócio foi fechado. No *site*, continuo gostando do He-Man e o Bira continua sendo fã de batata frita, assim como a Jéssica é apaixonada por *selfie*, o Lucas é admirador de frango com quiabo e o Emerson é fã de *One Piece*, o que não sei do que se trata, mas imagino que seja algum jogo de computador ou *videogame*.

Os valores

O ano de 2013 foi especialmente marcante para mim. Nasceu Beatriz, minha primeira filha, o maior presente que recebera até então. Descobri um sentimento novo, algo que imagino que só quem tem filho sente. Imagino que quem não tem filho não sente falta desse sentimento, pois é desconhecido. Acho isso interessante. Nunca notei que sentia falta desse sentimento, mas hoje é algo sem o qual não poderia viver.

A dinâmica da casa e a vida do casal mudam totalmente com o nascimento de um filho. Nessa época, deixei de lado os esportes para poder ajudar e curtir a nova fase da nossa vida. Por conta disso, tive a oportunidade de ler muito. Uma cena comum era ter Beatriz dormindo no meu colo e na outra mão eu segurando um livro. Li muito sobre psicologia positiva. Um livro em específico teve papel fundamental para o futuro da Gaia. Falarei dele mais adiante.

Certo dia, fui almoçar com um amigo que trabalha no mercado financeiro e ele comentou que tinha lido um livro e pensado na Gaia. Voltei ao escritório e algumas horas depois recebi uma encomenda. Num ato de extrema gentileza, esse amigo me mandou um exemplar do livro *Satisfação garantida*, escrito pelo fundador da Zappos, empresa de venda de sapatos comprada pela Amazon. Apesar de pensar na minha empresa enquanto lia aquele livro, não imagino que meu amigo premeditasse a importância de tal presente, que se tornaria o segundo maior direcionador da nossa caminhada na Gaia.

Nem preciso dizer que recomendo fortemente a leitura. Dentre os vários aprendizados que o livro traz, o que mais se destaca é a importância dos valores na cultura da empresa. Segundo o autor Tony Hsieh, os valores são o que a empresa tem de mais importante, e não os funcionários, pois esses entram e saem, mas a cultura permanece.

Foi a partir daí que resolvi criar, implementar e vivenciar os valores do Grupo Gaia. Já falei sobre alguns deles anteriormente, mas não havia contado como nasceram. Ao decidir que precisávamos deles, o primeiro passo foi escolher os Guardiões de Gaia, um grupo de cinco funcionários, além de mim, que teriam a função de difundir os valores.

Os valores devem ser definidos pelos principais executivos e acionistas da empresa. No caso, eu ocupava os dois papéis, então, para definir quase todos os valores, eu partia do meu jeito, talvez um pouco peculiar. Entre quarta e quinta-feira, durante a minha meditação, eu me concentrava e intuía qual seria o próximo valor. A intuição não aparece "do nada". Com base no que você aprende, por meio de estudo e vivências, a meditação auxilia o seu cérebro a trazer respostas.

Em seguida, falava com o Lucas, meu primo da Sagarana, e pedia que bolasse algumas opções de logo para os valores. Na sexta-feira eu apresentava o valor e o logo aos Guardiões de Gaia e assim pensávamos juntos nas atividades possíveis para divulgarmos ambos na segunda-feira da semana seguinte. Esse processo foi feito dez vezes, uma para cada valor.

A ideia era fazermos atividades não relacionadas ao trabalho. Atividades que durassem entre uma e três semanas, para que todos pudessem vivenciar os valores. Como o leitor poderá perceber, os valores são para a vida, bem diferente daqueles tradicionais, como ser ético, responsável e não discriminar ninguém. Isso é o básico, é pré-requisito. Os valores da Gaia vão além.

Normalmente, as empresas divulgam os seus valores no *site* e no relatório para os acionistas, porém aqueles que trabalham nas empresas pouco fazem ideia de quais são eles. Na Gaia era assim, mas decidimos que mudaríamos isso. Queríamos ter valores que fossem a nossa cara, não valores gerais, mas valores que refletissem o nosso jeito. Não iríamos criar algo novo, mas colocar em palavras e eternizar o que já praticávamos.

Os valores são a maior segurança de que a Gaia sempre será aquilo que seus funcionários conheceram quando chegaram. Todos os que trabalharem na Gaia deverão seguir esses princípios. Sempre.

Um executivo bastante eficiente, que traz diversos clientes e é excelente vendedor, mas áspero com seus subordinados, tem boas chances de se tornar presidente em muitas empresas. Na Gaia, ele não vai ficar muito tempo, pois nosso nono valor é: *Espalhe gentileza, engrandeça as relações*. Na Gaia, os valores vêm antes do lucro a qualquer custo.

EIS OS VALORES DA GAIA:

1. Pratique a gratidão
2. Sorria e faça sorrir
3. Vá além e surpreenda
4. Viva com garra
5. Comunique-se sincera e honestamente
6. Crie valor, gere resultado
7. Simplifique, faça mais com menos
8. Fortaleça o grupo, unidos vamos mais longe
9. Espalhe gentileza, engrandeça as relações
10. Celebre

Valores

Psicologia positiva

Como mencionei anteriormente, um dos temas que mais despertaram meu interesse nos últimos anos é a psicologia positiva, que podemos resumir como sendo o estudo científico da felicidade. Os valores da Gaia foram fortemente baseados nessa ciência.

Proliferada no início dos anos 2000 por Martin Seligman, ex-presidente da Associação Americana de Psicologia, a psicologia positiva é, atualmente, a matéria mais concorrida em Harvard, além de ser alvo de centenas de estudos pelo mundo.

O que à primeira vista parece uma matéria simples de autoajuda é algo bem mais profundo, uma ciência que estuda os aspectos positivos do comportamento humano. Segundo Seligman, antes do surgimento dessa corrente da psicologia, os principais estudos focavam no comportamento da média das pessoas, de forma que eram expurgados aqueles que se destacavam muito.

A psicologia positiva partiu do oposto. Quais são as características das pessoas que se destacam, que estão acima da média em termos de felicidade, desempenho, saúde e de outros tantos atributos? Pela análise do seleto grupo de indivíduos "fora da curva" surgiu esse novo campo científico.

Em vez de analisar a cura dos problemas, como tirar uma pessoa da depressão e controlar seus medos, a psicologia positiva procura focar no que faz as pessoas prosperarem. Assim como não estar doente não significa que a pessoa esteja saudável, o fato de não estar deprimido não significa que esteja feliz.

Ao estudar indivíduos muito saudáveis, que têm uma vida equilibrada em todos os seus aspectos e que são verdadeiramente felizes, os pesquisadores descobriram que trabalhar o "positivo" é muito mais eficaz do que curar o "negativo".

O livro *Happier*, de Tal Ben Shahar, traz uma reflexão interessante. Se você perguntar para uma pessoa o porquê de querer fazer ou atingir algo, e seguir perguntando o porquê seguidas vezes, certamente a última resposta será que ela quer ser feliz. Sempre termina em felicidade. Pode demorar mais ou menos, porém, em algum momento, essa será a resposta.

Por exemplo, quando alguém diz que seu maior desejo é ter um filho. Por quê? Porque vou poder ensinar coisas para ele. Por quê? Porque vou ter uma companhia. Por quê? Porque eu serei mais feliz. Em uma, duas ou dez perguntas, sempre acabaremos nesta resposta: "Eu quero ser feliz".

Segundo Martin Seligman em seu livro *Florescer*, a felicidade é composta de cinco elementos principais:

1. Emoções positivas

2. Engajamento, também conhecido como estado de *Flow*

3. Relações pessoais positivas

4. Propósito na vida

5. Realizações

Legal, muitos dirão, ótima teoria, mas e a prática? Como começo? Bom, vamos entender um pouco mais de nós mesmos.

Estilo explicativo

Estilo explicativo é a forma como explicamos para nós o que acontece conosco. Parece confuso, mas repare que de tudo o que acontece à nossa volta nós tiramos alguma conclusão e explicamos para nós mesmos com uma linguagem própria.

Peguemos uma situação qualquer, boa ou ruim, como bater o carro no caminho para o trabalho. Se isso acontecer com duas pessoas, cada uma terá uma explicação. Uma poderá dizer que é péssima motorista (talvez até seja) e que tudo dá errado em sua vida, enquanto a outra poderá pensar que faz parte dos imprevistos da vida e que vai deixar o carro para arrumar, podendo aproveitar essa semana para usar a *bike*. Qual das duas terá um dia mais feliz?

Segundo o livro *Aprenda a ser otimista*, também de Seligman, atualmente as crianças têm dez vezes mais chance de um dia se tornarem deprimidas do que seus pais tinham na idade delas. Apesar de as pessoas terem mais dinheiro, mais poder, mais educação, mais tecnologia, mais acesso à informação, os níveis de depressão são extremamente maiores em relação a décadas anteriores.

Se temos tudo para sermos mais felizes, por que a sociedade está mais deprimida? A principal razão é a forma como encaramos os acontecimentos. Uma das maiores descobertas da psicologia dos últimos vinte anos é que podemos escolher o jeito de pensarmos. O cérebro é capaz de se adaptar, e podemos criar hábitos mais saudáveis de pensamentos.

No mesmo livro, Seligman apresenta algumas informações interessantes:

- O jeito de pensarmos, especialmente sobre saúde, afeta nossa saúde.
- Otimistas contraem menos doenças infecciosas do que pessimistas.
- Otimistas têm melhores hábitos de saúde.
- Nosso sistema imunológico trabalha melhor quando estamos otimistas.
- Otimistas vivem mais tempo.
- Otimismo previne contra a depressão, que é a última instância do pessimismo.

Em um experimento, injetaram tumores em ratos com incidência de morte de 50%. Em seguida dividiram os pequenos animais em três grupos: o primeiro grupo recebia choques e conseguia escapar do choque ao sair do lugar, o segundo grupo recebia choques que paravam independentemente de movimento e o terceiro grupo, o grupo de controle, não recebia choque nenhum.

O segundo grupo era "treinado" para não ter esperança, pois a parada do choque não dependia deles, era aleatória. Após os estudos, o grupo de controle, o terceiro, teve 50% de mortes (como previsto). O segundo grupo teve 75% de mortes, e o primeiro ficou em 25%. Isso demonstra que o primeiro grupo, por ter desenvolvido a autoconfiança, conseguiu ter uma resposta muito melhor do que os demais.

As nossas percepções do mundo influem inclusive no aspecto biológico, ou seja, na nossa saúde.

Alguns dos valores da Gaia buscam criar nas pessoas o hábito de ter um estilo explicativo que seja bom para elas, que as fará mais felizes. Por exemplo, por meio da gratidão, nosso primeiro valor, podemos moldar nossos pensamentos, olhar o mundo de um ângulo que nos fará bem, nos tornará mais otimistas e, assim, pessoas mais felizes.

1. Pratique a gratidão

Um objetivo constante na Gaia é ter um ambiente com pessoas felizes. Isso serve tanto para os gaianos quanto para clientes e parceiros. Ninguém é feliz sem ser grato, então começamos com esse valor que nos faz olhar a vida e o mundo de maneira menos egoísta, percebendo a grande quantidade de coisas boas que temos à nossa volta e as valorizando.

Ao divulgarmos esse valor, pedimos para que todos fizessem o jornal da gratidão por uma semana. O jornal da gratidão é uma ferramenta simples e que segundo a ciência traz benefícios comprovados. Todos os dias escreva três coisas às quais você é grato. Quanto mais específico for, melhor. Fazendo isso por três semanas, certamente você passará a olhar o mundo de forma mais agradável.

Pessoas que expressam gratidão regularmente apresentam melhor saúde física, otimismo, progresso, bem-estar e ajudam mais os outros, segundo os psicólogos Robert Emmons e Cheryl Crumpler. Já para o filósofo romano Cícero, a gratidão não é apenas a maior das virtudes, mas a mãe de todas elas.

A gratidão é o sentimento ou reconhecimento do benefício que alguém lhe fez ou fará. Base de diversas religiões, incluindo judaísmo, cristianismo, budismo e islamismo, o ato de praticá-la torna as pessoas mais felizes.

Na sociedade atual, somos treinados para sermos bons, autossuficientes e vencermos na vida. O culto ao "sucesso" acaba encobrindo o fato de que ninguém evolui e se desenvolve sozinho. Desde o nascimento, quando nossa vida depende de pais e/ou cuidadores, até às fases do nosso desenvolvimento, passando pelos mestres e professores, chefes e subordinados, amigos e familiares, clientes e fornecedores, sempre precisaremos de outras pessoas para nossa sobrevivência. Entretanto, muitas vezes o reconhecimento não faz parte de nossa cultura e o egocentrismo nos leva a achar que somos os únicos responsáveis pelo nosso crescimento.

Somos os maiores responsáveis por tudo o que acontece conosco, desde doenças, que em grande parte são psicossomáticas, até realizações. Porém, o fato de sermos responsáveis pelo nosso futuro é diferente de acharmos que conseguiremos tudo sozinhos. No início, a gratidão exige alguma disciplina mental, pois, em certos momentos, vai contra a tendência natural do ser humano.

Acho muito interessante uma definição do neurocientista Rick Hanson, a qual diz que nossa mente é como velcro para informações negativas e teflon para positivas. A notícia boa é que, assim como outros hábitos, é possível desenvolver a virtude da gratidão. Então, se você não sabe se é grato, não se considera muito grato e/ou quer ser mais grato, tenha certeza de que isso pode mudar.

Tony Schwartz desenvolveu um projeto chamado *The Energy Project*, que procura ajudar pessoas e organizações a melhorar o desempenho focando em quatro necessidades humanas: física, emocional, mental e espiritual. Em seu livro *The Way We're Working Isn't Working*, ele descreve um estudo que fez com um grupo de enfermeiras da Cleveland Clinic. A maior reclamação das enfermeiras era a falta de reconhecimento dos cirurgiões. Uma das reclamações mais recorrente era "estamos aqui dia e noite para manter os pacientes deles vivos e os cirurgiões nem sequer falam conosco, menos ainda perguntam a nossa opinião". Em seguida os pesquisadores foram entender a visão dos médicos, e eles disseram a mesma coisa, mas em relação à direção do hospital.

A falta de reconhecimento nada mais é do que a falta de gratidão por parte daqueles que estão nos postos mais altos da hierarquia, de forma que é refletido até o nível mais baixo da organização. No trabalho, seja ele qual for, é extremamente importante o reconhecimento pela atividade bem feita. O elogio sincero e o agradecimento verdadeiro são não apenas fortes motivadores, mas também uma necessidade do funcionário.

Na Gaia, sempre que conquistamos algo, temos o hábito de enviar um *e-mail* para todo mundo da empresa celebrando — *Celebrar* é o nosso décimo valor — e agradecendo a todos aqueles que participaram da conquista. Normalmente, quem envia é a pessoa mais envolvida na conquista ou algum diretor, e o agradecimento é feito nominalmente a cada pessoa. Também temos o costume de enviar *e-mail* para clientes agradecendo o trabalho.

Um quebra-cabeça só fica pronto após a colocação de todas as peças. Umas podem até parecer mais importantes, mas, se faltar um pedacinho do canto inferior, ele não estará terminado.

Olhando a vida com olhos gratos

Perceba os benefícios e presentes que recebeu na sua vida. Podem ser os simples prazeres do dia a dia, aqueles momentos de beleza cotidiana ou pequenos gestos de gentileza que partem dos outros. Essas coisas, a meu ver, devem inspirar a gratidão.

No livro *Living in Gratitude*, a autora Angeles Arrien descreve gratidão como sendo a habilidade de olhar primeiro para o que é bom, trabalhando em nossa vida sem minimizar ou negar as dificuldades e os desafios. Shawn Achor, em *O jeito Harvard de ser feliz*, sugere que não fiquemos cegos para a realidade, mas que usemos óculos cor-de-rosa. Se ignorarmos os perigos, por exemplo, não usaremos cinto de segurança, mas se olharmos a realidade com um filtro positivo, certamente seremos mais felizes e dirigiremos nossa atenção para o que realmente importa.

Geralmente olhamos para a ação de uma pessoa da seguinte maneira: consideramos que ela fez o que fez porque tinha de fazer ou porque foi paga para fazer, como no caso de um manobrista ou de um garçom, por exemplo. Focamos na motivação da pessoa. Mas proponho uma mudança: passarmos a valorizar o que recebemos e não as possíveis motivações das pessoas. Dessa forma, atentando para aquilo que chega até nós, entramos em uma forte onda de gratidão.

Somos parte de um todo e há muitas coisas e pessoas boas ao nosso redor. Olhar o mundo por esse prisma nos conecta mais aos outros, nos faz sentir queridos, nos faz retribuir, aumentando nossas vibrações positivas e nosso entusiasmo com a vida. O resultado é que nos tornamos pessoas mais felizes.

Portanto, pratique a gratidão!

2. Sorria e faça sorrir

Depois da prática da gratidão, sigamos para o segundo valor da Gaia: o sorriso. Ao sorrir, mesmo que forçosamente, enviamos ao nosso cérebro uma mensagem positiva de que estamos bem. Ao sorrir para alguém, provavelmente essa pessoa responderá com um sorriso. Quando atendemos uma pessoa com um sorriso, criamos um vínculo e uma ótima primeira impressão. Ao fazer sorrir, você está proporcionando ao outro um momento de leveza.

Muita gente se pergunta: sorrir no trabalho, pode? Não pode, deve! Passamos a maior parte do tempo em que estamos acordados no trabalho. Se estivermos sorrindo, será muito melhor. Na Gaia, procuramos, na medida do possível, nos mantermos alegres e leves, seja no dia a dia dentro do escritório, seja nas reuniões com pessoas de fora. É comum aqueles que nos visitam comentarem conosco que o pessoal da Gaia parece estar sempre sorrindo. E é verdade.

Mark Stibich, da Universidade da Califórnia, afirmou em reportagem ao jornal britânico *The Guardian* que um simples sorriso alivia o estresse, faz a pessoa parecer bem-sucedida e a ajuda a se manter numa atitude positiva, além de ser algo contagiante. "As pessoas interagem de forma diferente — mesmo ao telefone — se você estiver sorrindo", disse o pesquisador. "Tente manter um pequeno sorriso no rosto enquanto trabalha. Algumas pessoas dizem que isso transforma seu humor."

Uma dica de Stibich é ir ao trabalho todos os dias com uma história para dividir com os colegas. "Faça dela algo engraçado e pessoal. Assim você não fica falando somente das notícias. Crianças são um ótimo recurso para isso", diz ele.

Segundo Michael Kerr, palestrante e criador do *Humor at Work*, o humor é uma ferramenta eficaz para a sua mensagem se destacar e ser lembrada. Cerca de 70% dos anúncios premiados incorporam humor nas suas campanhas. Segundo o especialista, algumas pessoas temem que o humor possa banalizar uma mensagem séria, mas, com um pouco de criatividade, isso não precisa ser uma preocupação. Mesmo uma mensagem séria pode se beneficiar de um pouco de leveza. Obviamente, o humor de mau gosto e que desrespeita deve ser completamente evitado e repudiado.

Em um estudo apresentado no livro *Florescer*, pesquisadores da Universidade de Berkeley pegaram fotos de estudantes universitários tiradas em 1970 e analisaram como eles estavam trinta anos depois. Os que sorriam genuinamente estavam mais satisfeitos com a vida que os demais.

O livro Emotions Revealed diz que ao fazermos expressões universais de emoções mudamos nosso sistema nervoso, encadeando sensações iguais à da expressão. Em outras palavras, como já disse, sorrir leva a sensações de alegria.

Em outro estudo, publicado pela *Psychological Science*, pesquisadores da Universidade do Kansas descobriram que o ato de sorrir tem um efeito positivo na felicidade e na saúde física, ajudando a recuperação mais rápida após eventos estressantes e traumáticos.

Mas sorrir não ajuda somente a nós mesmos. Não estamos sozinhos nessa. Ao fazer os outros sorrirem, contribuímos para o bem-estar dessas pessoas. O valor dado ao sorriso é um dos responsáveis por termos um ambiente tão agradável na Gaia. Quem entra na empresa pode até achar estranho, por exemplo, quando no fim da tarde, com muita frequência, após um bom negócio, Renatinho, nosso *agroboy*, toca o berrante (espécie de corneta feita de chifres de boi). Ou quando um grupo está se divertindo, contando histórias e rindo com as histórias dos outros.

Na Gaia o ambiente é aberto. Não há diferenciação por área ou cargo. Todos sentam em cadeiras e mesas exatamente iguais. Inclusive, de tempos em tempos trocamos todos de lugar. As áreas permanecem juntas, mas os "vizinhos" mudam, o que dá chances para uma maior aproximação entre pessoas que podem não ter tido tanto contato até então. E assim, com o sorriso, procuramos manter o ambiente leve e agradável.

Então, não se iniba, sorria o máximo que puder. O mundo agradece.

3. Vá além e surpreenda

Queremos pessoas que desejem se superar, que busquem ir além das expectativas. Ao nutrir a vontade de surpreender, focamos em desenvolver nossa melhor atuação e assim criamos condições para evoluir a cada dia. Quando nossos clientes dizem que surpreendemos e fomos além das suas expectativas, isso nos dá mais força para continuarmos melhorando.

A cada dia temos de "subir mais o sarrafo" a fim de continuar surpreendendo. Sarrafo é aquela barra horizontal que o atleta de salto em altura tenta ultrapassar. Ao subir o sarrafo, você está procurando pular mais alto, passa a ter uma expectativa maior sobre seu desempenho. Para isso, só vontade não é suficiente. Temos de entender melhor como funcionamos.

Acordamos com certa quantidade de energia e, conforme nosso gasto durante o dia, esse estoque vai reduzindo. Você sabia que força de vontade consome energia? Depois daquele dia supercansativo você não consegue resistir às tentações e come besteira, mesmo estando no meio de um regime. No almoço, é muito mais fácil controlar a dieta, pois ainda tem bastante energia armazenada.

Segundo o livro *The Way We're Working Isn't Working*, 95% das pessoas que perdem peso fazendo dieta recuperam o que perderam algum tempo depois, e uma parte significativa ganha ainda mais. Mesmo depois de um ataque cardíaco, somente um a cada sete pacientes faz mudanças significativas na sua rotina de alimentação e exercícios. Outro dado interessante é que cerca de 25% das pessoas abandonam as resoluções de fim de ano na primeira semana de janeiro e 60% até o meio do ano.

Em um experimento conduzido por Roy Baumeister em 1998, os pesquisadores pediram para que dois grupos de pessoas ficassem sem comida por várias horas e depois as colocaram numa sala. Para um grupo, trouxeram biscoitos fresquinhos e cheirosos, enquanto para o outro grupo deram rabanetes. Todos estavam no mesmo recinto, mas só poderiam comer o que lhes havia sido determinado. As pessoas tiveram autocontrole e todos só comeram sua comida. O pessoal que só poderia comer rabanete teve de ter bastante força de vontade para não pegar os biscoitos. Em seguida, os pesquisadores forneceram um enigma para todos. O que os grupos não sabiam é que o enigma era insolúvel. Aqueles que comeram biscoito desistiram, em média, no décimo nono minuto, enquanto os que comeram rabanete suportaram, em média, apenas oito minutos. Ou seja, o grupo que comeu biscoitos resistiu mais do que o que comeu rabanetes. Isso se deve ao fato de que o grupo dos rabanetes havia usado mais reservas de força de vontade para não comer o biscoito, de forma que sobrou menos energia para tentar resolver o enigma.

Isso mostra que as pessoas até querem mudar, mas muitas vezes não têm energia suficiente para realizar essa mudança. Aí nos perguntamos: como mudar?

Segundo Stephen Guise, o autor de *Mini Habits*, nosso corpo é inteligente e, por isso, tenta sempre gastar menos energia. A melhor forma de economizar energia, diz ele, é pela utilização dos hábitos. Hábitos são todas as atividades que fazemos "no automático". Desde o caminho de casa até o trabalho, até o prato que sempre pedimos no restaurante. Segundo pesquisa da Universidade de Duke, 45% dos nossos comportamentos são guiados pelos hábitos.

No cérebro, quem determina os hábitos são os gânglios basais, que não usam a racionalidade no pensamento. A parte racional fica a cargo do córtex pré-frontal. O gânglio basal, digamos assim, é burro. Ele não considera que fumar dá câncer, nem leva em conta os benefícios dos exercícios. Porém, ele é muito forte e gasta pouca energia. Já o córtex pré-frontal quer evitar os doces, aprender línguas e fazer exercícios. Ele é a parte consciente do nosso cérebro e gasta muita energia. Quando estamos cansados e estressados, o gânglio basal toma conta e seguimos no piloto automático. Sendo assim, apenas faremos mudanças efetivamente se criarmos hábitos positivos. Para criar bons hábitos temos de fazer com que o córtex pré-frontal convença o gânglio basal das suas vontades. Quando vira um hábito, não há esforço nenhum em comer comidas mais saudáveis, fazer ginástica e frequentar aulas de idiomas. É como escovar os dentes após as refeições, é algo automático. Acredite, essas atividades ditas "chatas" podem ser prazerosas e automáticas.

A melhor estratégia que já vi para se criar hábitos é a dos mini-hábitos. Por essa estratégia, você deve realizar a menor unidade, elemento ou medida possível daquele hábito que quer criar. Por exemplo, se quer fazer exercícios, faça uma flexão por dia. Fazendo algo infinitamente pequeno, o seu gânglio basal não o impedirá, pois é tão ridiculamente pequeno que não há motivo para se opor. Porém, com o tempo você vai se acostumando, mesmo que a meta continue a ser só uma flexão você acaba fazendo algumas a mais. Até que, sem perceber, o seu gânglio basal se acostumou e aquilo virou um hábito.

Quando tenta criar um hábito, como, por exemplo, ficar vinte e um dias sem comer doce, você faz força e o seu cérebro não gosta de aprender na marra. No vigésimo segundo dia você estará ávido para comer um chocolate. Fazer o que não é hábito exige força de vontade e consome energia.

Para termos energia é de extrema importância recarregarmos nossas baterias. A principal ferramenta para isso é o sono. Sim, o sono!

Segundo o pesquisador Willian Dement, dormir bem é mais fundamental para o bem-estar do que as dietas, os exercícios e a hereditariedade. A Amnesty International diz que privação de sono é uma forma de tortura, até usada nas guerras, e que seria pior do que a fome e a sede. Um estudo da Harvard Nurses acompanhou oitenta mil enfermeiras por vinte e cinco anos e concluiu que quem dorme menos do que cinco horas tem mais chance de ter doenças do coração do que quem dorme seis horas.

Impressiona também o fato de que as enfermeiras que não dormem à noite têm 60% mais chances de desenvolver câncer de mama. Isso porque trabalhar de noite impede a exposição à melatonina, que é o hormônio responsável por restringir o crescimento do tumor. A melatonina é inexistente durante o dia e tem o seu pico entre 23h00 e 3h00.

Cerca de 95% das pessoas precisam dormir entre sete e oito horas a cada período de vinte e quatro horas. Quem dorme cinco horas ou menos tem 60% mais chance de ser obeso, pois as pessoas comem mais para ter mais energia.

Diversos estudos com atletas de alto desempenho mostram que eles dormem mais que os outros. Uma reportagem do programa de televisão "Esporte Espetacular", veiculada em novembro de 2014, apresentou os hábitos de grandes atletas. Thiago Pereira, nadador brasileiro e medalhista olímpico, dorme oito horas e meia por dia. Usain Bolt dorme dez horas. Roger Federer e LeBron James dormem doze horas cada um.

Ainda assim, o sono é uma das primeiras coisas que sacrificamos quando queremos ter mais produtividade. Isso é errado. Se você quer produtividade, tenha bons hábitos e durma com qualidade. Certamente sua eficiência será bem maior e assim você poderá ir além e surpreender.

4. Viva com garra

Esse valor tem duas palavras fortíssimas. Individualmente, cada uma já diz muito. Em conjunto, ficam ainda mais potentes.

Viva. Quantas pessoas você conhece que somente sobrevivem e deixam a vida as levar sem qualquer controle aparente sobre ela? Viva os seus dias, viva o presente, não o passado nem o futuro, mas o agora. Essa é a ideia.

Garra. Tenha sempre aquele brilho nos olhos, aquela vontade de fazer as coisas. Força de vontade é como se fosse um músculo: quanto mais trabalhamos, mais temos. Treine sua força de vontade para viver com garra, com vontade, com persistência.

O tenista espanhol Rafael Nadal diz: "Jogo cada ponto como se a minha vida dependesse dele". Isso é ter garra a cada segundo. Ao viver com garra você encantará as pessoas ao seu redor, terá empolgação na vida e muita energia para realizar.

Mihaly Csikszentmihalyi estudou gênios no seu livro *Creativity* e percebeu algo fascinante sobre QI. Ninguém que mudou o mundo tinha um QI inferior a 130, mas dentre aqueles com QI superior a isso não havia correlação entre QI e genialidade. A partir da marca de 130 ou mais para o QI, o que diferencia as pessoas que mudaram o mundo é o quão duro elas trabalharam.

Segundo Daniel Pink, em seu livro *Motivação 3.0*, a melhor forma de prever o sucesso dos cadetes militares é pela análise da perseverança e paixão por objetivos em longo prazo. É exatamente isso que entendo como garra.

Um dos motivos de a garra ser um fator determinante do sucesso é explicado no livro *Maximum Brainpower: Challenging the Brain for Health and Wisdom*, dos autores Shlomo Breznitz e Collins Hemingway. O cérebro não quer que o corpo gaste energia se não tiver uma chance razoável de sucesso. A nossa força física não é acessível se o cérebro não acredita no resultado, pois a pior coisa para os humanos é gastar toda a sua energia e falhar. Se acharmos que não podemos fazer, não teremos os recursos de que precisamos. A partir do momento em que acreditamos, as portas se abrem e um fluxo de energia é desencadeado. Esperança e desespero são profecias autorrealizáveis.

Howard Gardner estudou alguns dos maiores gênios de todos os tempos. Uma qualidade que todos compartilham se assemelha ao que chamo de garra. "Quando falham, eles não perdem muito tempo se lamentando, se culpando, ou, no extremo, abandonando. Em vez disso, encaram o fracasso como uma experiência de aprendizagem, como uma lição." Uma frase do economista e visionário francês Jean Monnet retrata bem esse ponto de vista: "Eu considero cada derrota como uma oportunidade".

O livro *Quatro compromissos*, de Don Miguel Ruiz, descreve quatro comportamentos que nos tornam pessoas melhores. O quarto comportamento é: dê sempre o melhor de si. Faça sempre o seu melhor. Em qualquer circunstância devemos fazer o melhor possível, nem mais, nem menos. O melhor de hoje é diferente do melhor de ontem e do melhor de amanhã. Se estivermos descansados, o nosso melhor terá mais qualidade do que se estivermos cansados, por exemplo. Mas não tem problema. O importante é sempre fazer o seu melhor.

Ainda, segundo esse livro, quando uma pessoa faz menos do que o melhor, ela poderá se frustrar e se culpar por isso, porém, quando faz o seu melhor, mesmo que não atinja o objetivo, ela terá a certeza de que fez o que estava ao seu alcance, não abrindo brecha para autojulgamento nem para sentimento de culpa, ambos muito prejudiciais a nós.

Esse valor é um dos com que mais me identifico. Tento seguir à risca. Procuro, todos os dias, estar na melhor forma possível e lutar com entusiasmo. Pequenos rituais nos ajudam a colocar nosso foco em atenção. Pelé mentalizava o jogo nos vestiários antes de entrar em campo. Nadal tem uma série de rituais ao entrar na quadra, outros para sacar e outros para tomar água. Criar hábitos que o coloquem em sintonia com uma sensação conhecida de bem-estar é uma ferramenta poderosa. Todos os dias tomo uma ducha fria logo após o banho antes de ir pro trabalho. Isso me energiza!

Viva com muita garra. Garanto que não faltará entusiasmo na sua vida.

5. Comunique-se sincera e honestamente

Arrisco a dizer que mais da metade dos problemas da humanidade seria resolvido se as pessoas praticassem esse valor em conjunto com nosso nono valor: *Espalhe gentileza, engrandeça as relações.*

Já reparou como nos comunicamos mal com nós mesmos? Quantas vezes interpretamos de forma errada as pessoas e criamos coisas que não existem? O estilo explicativo, conforme já dito, é comumente utilizado contra nós mesmos.

Pense nos nossos "achômetros". Achamos que tal pessoa fez isso por causa daquilo, então ficamos chateados e não dizemos isso para ela. O que custa ir lá e falar de forma sincera e honesta?

O primeiro dos *Quatro compromissos*, do livro com esse título, diz que temos de ser impecáveis com nossas palavras. Pecado, segundo o livro, são todas as coisas que você faz que o prejudicam. Ser impecável com a sua palavra significa utilizar a comunicação de forma boa para você, sem prejudicá-lo. Muito mais do que um código para se comunicar, a palavra é a ferramenta mais poderosa que possuímos como seres humanos. Alguns a usaram para fazer guerras, outros para juntar uma nação.

O livro *Previsivelmente irracional*, de Dan Ariely, mostra um estudo que comprova que não conseguimos prever nossos próprios comportamentos quando estamos em estados alterados de consciência. Não estou falando de quando alguém está sob efeito de drogas ou de álcool, o que é óbvio que nos tira de nosso estado normal, mas falo especificamente de quando sentimos excitação, raiva ou ódio. Nesses estados, dizemos e fazemos coisas que não imaginaríamos que poderíamos fazer e falar.

No ambiente corporativo, um dos piores venenos é a fofoca. Fofocar é espalhar veneno. Essa prática tornou-se uma das principais formas de comunicação, seja nos *sites* de "notícia", seja no ambiente familiar ou corporativo. Parece que as pessoas se sentem bem ao falar mal dos outros. Segundo o livro *Quatro compromissos*, "miséria gosta de miséria". Pense em quantas vezes espalhamos algo sobre alguém e em como isso não terá nenhuma consequência positiva, servindo apenas para denegrir a imagem da pessoa e também a sua.

Ao nos comunicarmos de forma sincera, honesta e gentil, buscando palavras e gestos positivos, certamente seremos mais satisfeitos e faremos os outros mais satisfeitos também. Portanto, se for dizer algo destrutivo, como uma fofoca, conte até dez e não diga. Você não se arrependerá.

Na Gaia, incentivamos a conversa para a resolução de conflitos e deixamos bem claro que a fofoca não é tolerada. Em substituição à tradicional avaliação dos funcionários, criamos o Comunique-se, que é um ambiente para a vivência desse importante valor. Falarei do Comunique-se mais adiante.

6. Crie valor, gere resultado

Até aqui os valores tiveram o foco em comportamento e atitude. Não podemos, entretanto, nos esquecer dos frutos que eles irão gerar e que irão manter a empresa forte no longo prazo.

Em relação a isso, aqui vão dois conceitos. Primeiro, criar valor. Criamos valor para uma empresa ao atender bem os clientes, ao tratar bem os colegas, ao falar bem da empresa, ao vivenciar e difundir seus valores. São diversas as formas de criar valor. Incorporando e praticando, estaremos fortalecendo a marca e unindo o grupo, o que certamente será benéfico no presente e no futuro.

Segundo, gerar resultado. Esse é o sangue da empresa. De nada adianta ter uma empresa onde todo mundo é feliz e se diverte, mas convive com salários atrasados. O que irriga tudo no mundo capitalista é o resultado financeiro. Consideramos que o lucro é uma consequência do bom trabalho, nunca a meta principal, mas não podemos esquecer que é fundamental para a sobrevivência nos negócios.

Em um ambiente leve como o da Gaia, precisamos estar sempre lembrando a importância desse valor, pois sem ele teríamos de fechar as portas. Esse é o valor essencial para a sobrevivência e a posteridade de toda empresa.

7. Simplifique, faça mais com menos

Esse é um dos valores que mais costumamos menosprezar. Já reparou como as pessoas gostam de complicar o que poderia ser muito mais fácil? Desde pequenos problemas até grandes desafios, o ser humano tem uma capacidade impressionante de gastar energia no que não precisa.

Em um mundo cada vez mais escasso de recursos naturais, a cultura do "faça mais com menos" é essencial para nossa sobrevivência. Como os demais, esse é um valor que podemos levar para tudo. Viver de forma mais simples nos pensamentos e gestos nos deixa mais leves e satisfeitos.

Para divulgar esse valor, fizemos um amigo secreto em que todos deviam dar algo personalizado ao amigo, mas com uma condição: o valor máximo do presente era de R$ 5.

Jim Collins, em seu livro *Good to Great*, analisou os fatores que transformam boas empresas em excelentes empresas. Um dos pontos foi manter o foco naquilo que fazem muito bem.

Segundo o livro, para saber quais os focos de uma empresa, você deve responder a três perguntas:

- Que atividades apaixonam você?
- Em que atividades você pode ser o melhor do mundo?
- Que atividades podem movê-lo economicamente?

Ao responder, deve-se buscar qual atividade se enquadra em todas as questões. Se houver uma, você pode então manter seu foco nela. Isso simplificará suas atividades.

Alguém pode dizer: "A Gaia tem diversas qualidades, mas, atuando em tantas áreas, foco não é um desses pontos fortes". Discordo. Cada empresa tem seu foco determinado e seus executivos direcionados para realizar algo. Nossa motivação permanece porque acreditamos que nesse algo podemos ser os melhores do mundo.

Para cumprir o valor *Simplifique, faça mais com menos*, precisamos dar atenção à organização das nossas atividades. Já parou para pensar em quanta informação nos chega a todo instante? Redes sociais, *e-mails*, celulares, reuniões, tarefas, um mundo de coisas acontecendo... e ainda temos que produzir. Uma forma muito simples para ajudar a nos organizar, descrita no livro *7 hábitos das pessoas altamente eficazes,* de Stephen Covey, é dividirmos as tarefas entre importantes e urgentes.

1. Primeiro sempre devemos fazer o que é importante:

- *E-mails* não precisam ser respondidos no segundo seguinte. Se você não aguenta a curiosidade, deixe o *e-mail* fechado, ajuste o celular para que não veja a luz piscar quando chegar mensagem nova e abra-o somente em alguns momentos.
- "Isso é rápido de resolver, vou fazer primeiro." Não faça. Foque no que é mais importante.

- "Isso é urgente." Se for urgente e importante, faça. Senão, faça primeiro o que é importante.

2. Em segundo, faça o que é urgente. Lembrando que:

- Quanto mais organizado, menos coisas urgentes você terá.

- Sempre haverá coisas urgentes, mas elas devem ser exceções.

3. Em seguida faça o resto, ou seja, aquilo que não é importante nem urgente.

- Se você se pegar fazendo o resto, pare, pense e volte a focar no prioritário.

Pare e respire

A cada 90 ou 120 minutos, dê uma paradinha, respire, lembre-se de sorrir, coma uma fruta, levante, ande um pouco e depois volte.

O valor *Simplifique, faça mais com menos* tem um significado importante para mim. Com o aumento e a variedade das minhas atividades, me interessei muito pelas matérias de organização e otimização de tempo. Na minha rotina, além do tempo dedicado às empresas, procuro aproveitar os momentos com minha família e praticar esportes. Por isso, no trabalho tenho de ser eficiente.

Além da questão da priorização, outros hábitos podem melhorar muito nosso desempenho. É frequente termos a impressão de que podemos fazer muitas coisas ao mesmo tempo e ainda assim sermos eficazes. Mas o que a ciência diz a respeito disso?

Quantas vezes você estava fazendo algo, então chegou um *e-mail* e você parou o que estava fazendo para ler esse *e-mail*? Ou, ainda, quantas vezes no meio de uma reunião resolveu conversar no WhatsApp, checar *e-mails* no celular ou até mesmo entrar no Facebook?

Fazemos mais de uma coisa ao mesmo tempo porque queremos ser produtivos e conectados ao mundo, mas, ironicamente, acabamos tendo interações mais superficiais. Já vivenciou uma situação em que você está ao telefone com alguém e escuta a outra pessoa digitando? E percebe que a pessoa só fala "a-hã, a-hã" e claramente não está prestando atenção no que diz? E quando está em reunião e outra pessoa pega o celular e começa a responder a mensagens, como você se sente?

Certa vez, eu estava em uma reunião com o presidente e o diretor de uma gestora de recursos. Em dado momento, os dois começaram a digitar no celular ao mesmo tempo. Socorro! Não sabia se continuava falando para os copos ou se fazia um minuto de silêncio. Eles fingiam que estavam prestando atenção, mas não estavam. E de repente olhavam pra mim, como se tivessem entendido tudo o que eu disse. É cômico, para não dizer trágico.

Podemos levar na brincadeira, mas ao fazer isso passamos a mensagem de que a outra pessoa não tem importância, algo como: "Tudo bem, você não merece 100% da minha atenção mesmo".

E-mail não significa resposta automática e urgente. Se for urgente a ponto de não poder esperar meia hora, a pessoa deve ligar, interromper, ir pessoalmente. Em respeito a quem faz reuniões comigo, nunca levo meu celular, a não ser que esteja esperando algo urgente. Nesse caso, logo aviso aos demais. Acho que é um sinal de educação e respeito.

Além de passar uma mensagem negativa para a pessoa com quem interagimos, retemos menos informações quando fazemos várias tarefas. O nosso cérebro funciona de forma a absorver e apreender menos quando recebe uma grande quantidade de informações ao mesmo tempo. Temos um desempenho melhor quando as informações chegam em "pedaços" e continuamente, de forma a podermos absorver aos poucos.

Falar ao telefone enquanto dirige, mesmo com bluetooth, aumenta em quatro vezes a chance de um acidente. Mandar mensagens de texto enquanto dirige aumenta em vinte e três vezes, segundo pesquisa do Virginia Tech Transportation Institute.

Os pesquisadores Joshua Rubinstein, Jeffrey Evans e David Meyer fizeram experimentos em que adultos alternavam diferentes tarefas, como resolver problemas matemáticos e classificar objetos geométricos. O resultado? Sempre que trocavam de tarefa, a eficiência reduzia significativamente. Estima-se em 25% o tempo adicional para quem faz várias tarefas ao mesmo tempo. Quando paramos uma atividade e depois retornamos a ela, demoramos um tempo para retomar de onde paramos.

Quando estamos focados em algo, o hipocampo, que é a principal parte do cérebro relacionada à nossa memória, está ativo, e essa ativação nos faz aprender. Quando nossa atenção é dividida, a parte do cérebro associada a atividades rotineiras toma a dianteira, de forma que você sabe os fatos que estão se passando, mas não tem capacidade de aplicá-los de forma mais abrangente.

Faça uma coisa por vez e fará mais coisas, aprenderá mais e conquistará mais as pessoas ao redor. E não esqueça: *Simplifique, faça mais com menos.*

8. Fortaleça o grupo, unidos vamos mais longe

Na Gaia valorizamos o coletivo, o trabalho em grupo. Acreditamos que juntos somos mais fortes que sozinhos.

É um tanto comum encontrarmos empresas que estimulem a competitividade entre os funcionários. Me lembro de quando, há muitos anos, li o livro do Jack Welch (ex-presidente da GE), que dizia a seus funcionários que os 20% piores de cada setor seriam demitidos. Quem sou eu para questionar um dos maiores CEOs da história, mas na Gaia pensamos diferente.

Queremos que as pessoas trabalhem em grupo. O sucesso é coletivo e comemorado assim. Isso não quer dizer que os melhores irão carregar os piores nas costas, mas que o trabalho deve ser de ajuda mútua e colaborativo.

Quando alguém tem alguma dúvida, deve perguntar. Na Gaia, sempre haverá alguém pronto para explicar. Estimulamos os funcionários a darem aulas e cursos aos demais sobre qualquer assunto. Muitas vezes, esse exercício é melhor para quem dá a aula do que para quem está assistindo.

O livro *Tribal Leadership* diz que todo grupo de pessoas forma uma tribo, e que uma empresa normalmente é composta por várias dessas tribos. Ainda, segundo o livro, as tribos podem ter cinco estágios. O objetivo de cada grupo é migrar para o próximo, e nunca se consegue pular um estágio. Vamos aos estágios.

Grupos no estágio 1 são, por exemplo, como as gangues. É o estágio mais primitivo do ser humano. Somente 2% dos norte-americanos fazem ou fizeram parte dessa tribo. Nesse primeiro estágio, as pessoas acham que o mundo é um lugar horrível. Ao mudar para o segundo estágio, as pessoas passam a não achar que o mundo é horrível, e sim a vida que elas levam.

Estágio 2: é a tribo das "vítimas", aquelas pessoas que acham que a vida delas é ruim e só reclamam das coisas. Estar com essas pessoas pesa, elas aparentam estar sempre cansadas. Cerca de 25% das tribos são desse tipo. Certamente você conhece alguém assim. Elas sempre reclamam dos chefes e subordinados, acreditando que a vida dos outros é boa, mas a delas é péssima.

Ao ganhar confiança e passar a se destacar, as pessoas mudam para o terceiro estágio.

Estágio 3: o tema dominante dessa tribo é "sou bom", ou "sou bom e você não é". Essa é a cultura dominante em 49% das tribos. Segundo o livro, médicos, advogados, professores e vendedores frequentemente estão nesse grupo.

Empresas caracterizadas por esse estágio carecem de humanização. Bancos de investimento são tipicamente compostos por pessoas dessa tribo. Até esse estágio o trabalho em equipe é muito fraco.

Ao evoluir para o próximo estágio, o ego reduz e a pessoa começa a enxergar valor nos outros.

Estágio 4: esses grupos são caracterizados pela máxima "nós somos bons" ou "nós somos bons e eles não". Os membros se sentem parte de um grupo, têm orgulho disso e comungam de um propósito comum.

Cerca de 22% das empresas estão nesse estágio, que é benéfico para o trabalho em equipe. É quando as coisas começam a fluir de forma espontânea e a sinergia parece natural. Quando atinge o seu ápice, esse grupo entra no quinto estágio.

Estágio 5: se eu fosse descrever um pensamento desses grupos seria "a vida é ótima". A competição desse grupo é com o que é possível e não com os outros grupos.

Nos esportes são aqueles times que ganham tudo e fazem história, como o Chicago Bulls de Michael Jordan ou o vôlei do Brasil de Bernardinho. Por sinal, já vi uma entrevista de Phil Jackson, ex-técnico da equipe histórica do Bulls, na qual ele citava o livro *Tribal Leadership* como uma referência para ele. Nos negócios, as tribos no quinto estágio são as empresas que revolucionam.

É muito difícil operar durante muito tempo no quinto nível. O que ocorre é que grupos do quarto estágio têm lampejos e passam alguns momentos no quinto e depois voltam.

Esse valor foi criado com o intuito de mostrar que na Gaia o individualismo não tem vez. Valorizamos o coletivo, o trabalho das pessoas que cooperam para fortalecer o grupo, pois unidos vamos mais longe.

9. Espalhe gentileza, engrandeça as relações

Em agosto de 2013, estávamos em busca do nono valor da Gaia. Pouco tempo antes, resolvi dirigir um pouco mais minha atenção para a GaiaServ, nossa empresa de gestão de créditos imobiliários.

Para fazer uma boa gestão de créditos (enviar boleto e cobrar os clientes que estão em atraso), é fundamental ter processos e políticas bem definidas, pois é um negócio de grande volume e escala. A GaiaServ tinha essas duas características muito fortes e o trabalho vinha sendo bem feito nesse sentido. Porém, havia uma diferença de percepção entre o resultado do nosso trabalho e a percepção dos clientes. Explico: o resultado da nossa cobrança, isto é, os nossos níveis de recuperação de crédito (capacidade de fazer os inadimplentes pagarem), eram superiores aos do mercado, porém a percepção de valor que os clientes (empresas que nos contratavam) tinham era inferior ao que era entregue.

Se acharmos que oferecemos um serviço de qualidade e os clientes não estão percebendo, temos duas opções: ou o serviço não é bom ou não estamos mostrando como ele é bom. Preferimos acreditar na segunda opção. O lema interno na GaiaServ se tornou "vamos dar carinho aos clientes". Claro que não na essência da palavra, nem para os clientes inadimplentes, mas para os investidores e empresas que nos contrataram para fazer os serviços.

Todo mundo gosta de ser bem tratado. Se houver gentileza, melhor ainda. Por isso, mudamos a postura perante os clientes. Logo começaram a aparecer os resultados. Os antigos clientes nos passaram mais negócios e começamos a abrir mais portas.

Nesta época teríamos de definir o nono valor da Gaia. O objetivo era chegar a dez valores, mesmo número da Zappos, empresa que nos inspirou a dar tamanha importância aos valores. Já ouvi especialistas dizendo que sete é o número ideal de valores, mas na minha opinião isso varia de empresa para empresa, e para a Gaia o ideal é dez. Com dez, não deixamos nada de fora.

Percebendo os efeitos da ação da GaiaServ, criamos o *Espalhe gentileza, engrandeça as relações*.

Esse valor inclui dois dos cinco aspectos da felicidade citados anteriormente: emoções e relacionamentos positivos. Sempre que fazemos uma gentileza, geramos uma emoção positiva para nós e em menor escala para o outro. Ao sermos gentis e engrandecermos as relações, fortalecemos o vínculo com alguém.

Nosso desafio passou a ser criar uma vivência a fim de que as pessoas experimentassem esse valor na prática do dia a dia.

Adam Grant, em seu livro *Give and Take*, separou as pessoas em: *givers*, *takers* e *matchers*.

Givers são aqueles que ajudam sem querer algo em troca. Preocupam-se com o que os outros precisam. No trabalho, são pessoas generosas que gostam de ensinar e de trabalhar em equipe.

Takers são os que estão preocupados em receber. Acreditam que o mundo é um lugar onde todos querem tirar vantagem. Promovem-se e pegam todos os créditos pelo seu sucesso. Certamente você conhece alguém assim.

Matchers são os que ajudam, mas querem algo em troca.

A primeira conclusão interessante do livro é que os mais bem-sucedidos no longo prazo são os *givers*.

Takers e *matchers* usam seus contatos de forma estratégica. Focam em quem pode ajudá-los no curto prazo. Mas os outros percebem e também só ficam perto deles por interesse.

Outra conclusão do livro é que dentre os menos bem-sucedidos também há alguns *givers*. "Como assim?", você deve estar se perguntando.

Só conseguimos dar o que temos. As pessoas que se sacrificam para ajudar os outros acabam não fazendo o bem para si mesmas, aí realmente fica complicado.

Os mais bem-sucedidos se preocupam com os outros, mas também têm ambição para os próprios interesses.

Todos os *givers* são gentis!

As mil gentilezas

Um dia imaginei: "E se criássemos um desafio para gerar mil gentilezas?". Para ser desafio, é preciso ter uma meta. Pensei que, caso atingíssemos a meta, a recompensa seria a manutenção desse valor. Caso não atingíssemos as mil gentilezas, teríamos de criar outro valor. Seria vergonhoso não conseguirmos atingir a meta e perdermos esse valor tão recompensador.

Levei a ideia aos Guardiões de Gaia. Eles adoraram. Não só isso, acharam que conseguiríamos bater a meta bem rápido. Definiram o prazo: 31 de agosto. Até lá, teríamos vinte e dois dias para gerar mil gentilezas no mundo. A tarefa não ficaria restrita aos gaianos, mas aberta a todos que alcançássemos. Faríamos divulgação via *e-mail* e Facebook.

Foi lançado o desafio. O clima entre nós ficou uma beleza. Era um querendo fazer gentileza para o outro, pagando almoço, levando água, dando bombons, ajudando no ônibus, no metrô... Começamos a envolver familiares. A Naty comprou a ideia com tanta vontade que contagiou o marido, sogra, cunhada, mãe...

Sempre que alguém fizesse uma gentileza, deveria entrar em um *link* com um formulário e preencher o nome, a gentileza e como se sentiu fazendo aquela gentileza. Ao preencher como se sentiu fazendo uma gentileza, você volta a ter aquela sensação e potencializa a emoção positiva, que era um dos focos do valor.

Ao lançarmos esse desafio, criamos o ambiente para as pessoas atingirem algo e se engajarem em uma atividade. Com isso, cumprimos quatro dos cinco princípios da felicidade de Martin Seligman: emoções positivas, engajamento, relações pessoais positivas e realizações.

Assim, de passo em passo, no dia 29 de agosto atingimos a meta das mil gentilezas. Ao término dos vinte e dois dias, conseguimos que 103 pessoas gentis realizassem um total de 1.034 gentilezas. *Espalhe gentileza, engrandeça as relações* se manteve como nosso nono valor.

10. Celebre

A ideia desse valor veio de uma amiga que fazia ioga comigo. Estávamos conversando sobre os valores da Gaia e perguntei a ela: "Qual valor você acha que falta?", ao que ela disse: "Celebre!". Gol, era exatamente isso.

Voltando aos aspectos da felicidade e da satisfação, o ato de celebrar marca no nosso cérebro o momento positivo. Há uma teoria conhecida como *Losada Ratio*, desenvolvida pelo psicólogo Marcial Losada, que diz que para cada evento negativo na empresa você precisa de 2,9 eventos positivos para anulá-lo. Porém, um número acima de 13 eventos positivos para cada negativo faz você perder a credibilidade. Eventos negativos, em menor escala, também têm sua importância.

Para os interessados, os casamentos bem-sucedidos têm uma relação de pelo menos 5 eventos positivos para cada evento negativo.

Se alguém lhe perguntar o que comeu na quinta-feira passada, dificilmente você se recordará, mas, se lhe perguntarem o que você comeu naquele jantar especial no mês passado, a chance de lembrar é grande. Ao celebrarmos, marcamos um evento na memória.

De que adianta conquistar um objetivo, não comemorar e ir direto para o próximo? Na Gaia adoramos comemorar, sempre, a cada conquista, independentemente do seu tamanho. Celebre!

Com este, fechamos os nossos dez valores e formalizamos o jeito Gaia de ser.

Perfil dos funcionários

No primeiro estágio de uma empresa, quando a busca é pela sobrevivência, o perfil ideal de um funcionário é o do faz-tudo. No segundo estágio, quando a luta é por ter uma vida saudável, o foco são os funcionários especialistas que executam muito bem suas funções, de modo que a empresa possa ganhar corpo.

Já na terceira fase, quando se persegue o objetivo de ter empresas felizes, o foco são aqueles funcionários que, além de especialistas, contribuem para o ambiente e para a satisfação das pessoas. No caso da Gaia, o perfil ideal são pessoas que vivenciam nossos valores. No entanto, temos casos de um mesmo funcionário que passou por todas essas etapas: começou como faz-tudo, depois se tornou especialista, até chegar à terceira fase, quando passou a contribuir com a satisfação pessoal dos colegas. É possível termos as três fases em um funcionário. Ao mesmo tempo, há aqueles que se encaixam apenas em um dos estágios, e, às vezes, antes essenciais, podem deixar de se destacar e acabar saindo da empresa.

Reflita: Diener e Seligman fizeram um estudo em 2002 com duzentos alunos e descobriram que os 10% mais felizes não tinham mais eventos positivos do que os 10% menos felizes. Apenas encaravam as situações de maneira diferente. Em qual dos dois grupos você quer estar?

EMPRESAS FELIZES

Pessoas felizes são mais saudáveis, vivem mais tempo, são mais otimistas e trabalham melhor.

A cultura de uma empresa é o que há de mais importante no longo prazo. Crie valores que realmente representem a forma como você e sua empresa pensam e agem. Relembrando, estes são os nossos:

1. Pratique a gratidão
2. Sorria e faça sorrir
3. Vá além e surpreenda
4. Viva com garra
5. Comunique-se sincera e honestamente
6. Crie valor, gere resultado
7. Simplifique, faça mais com menos
8. Fortaleça o grupo, unidos vamos mais longe
9. Espalhe gentileza, engrandeça as relações
10. Celebre

Passo 4:
Empresas com propósito

Chegamos a este momento com empresas saudáveis e felizes. O que falta?

O propósito. O motivo que dá significado ao nosso esforço. Afinal, uma empresa deve ter um objetivo que vá além de fazer seus acionistas ricos. Assim como as pessoas não vivem para ganhar dinheiro, a empresa deve ter uma meta nobre que a torne especial.

2014:

Qual é o seu propósito?

Missão

No fim de 2013, havíamos cravado os dez valores da Gaia. Para 2014, o próximo passo seria definir, em poucas palavras, uma ideia central do que fazemos e do seu motivo.

Todos precisamos ter uma meta nobre, ou seja, um propósito na vida, que certamente não deve ser assistir aos jogos do Palmeiras ou tomar refrigerante. Esse motivo deve ser algo que faça a vida ter mais sentido. Segundo o escritor Mark Twain, os dois dias mais importantes da sua vida são o dia em que você nasce e o dia em que descobre o porquê. A minha missão eu já descobri: é impactar positivamente a vida das pessoas.

O livro *Happier*, do professor de psicologia positiva Tal Ben Shahar, apresenta um interessante estudo feito em um hospital. A pesquisa mostrou que os faxineiros que reconheciam que o trabalho deles fazia diferença eram mais felizes do que os médicos que não consideravam seu trabalho significativo.

No início de 2014 começamos a formalizar a missão de todas as áreas e empresas do Grupo Gaia. Entendo que missão é o que fazemos. Todos precisam saber o que a sua empresa e a sua área fazem. Isso facilita muito a continuação das tarefas e evita a perda de foco. O primeiro a ter sua missão definida foi o grupo. Sua missão é: "Desenvolver empresas saudáveis, felizes e com propósito". Posteriormente definimos a missão de todas as demais empresas e áreas do Grupo Gaia.

Em seguida, definimos a visão do grupo e de cada área. Visão é onde queremos chegar, mas nunca chegaremos, pois não se trata de uma tarefa que certo dia estará cumprida, mas, sim, algo cuja natureza é estar incompleta. Sempre há alguma coisa a mais a fazer. Visão funciona como um guia, um farol, uma utopia que devemos perseguir. Ela dá mais sentido ao caminho e ao trabalho que as pessoas realizam. A visão do grupo é: "Revolucionar as relações entre as empresas e as pessoas".

Assim, temos uma casa arrumada. Os valores demonstram a cada um o jeito de fazer as coisas; a missão demonstra o que fazer; e a visão, aonde queremos chegar.

Motivação x missão

A chamada geração Y (composta pelos nascidos entre 1980 até meados de 1990) tem uma característica interessante: para eles, tudo é visto a muito curto prazo. Eles se interessam e desinteressam pelas coisas rapidamente. Já vi muita gente me agradecendo, dizendo que adora a Gaia, e depois de alguns meses indo embora sem grandes explicações. Pode até ser que tenhamos falhado em algo, o que não descarto. Mas, diante disso, preciso me perguntar: como engajar uma geração com essas características?

Normalmente procuramos engajar as pessoas por meio da motivação. Mas será essa uma estratégia confiável? Acredito que não. Motivação é algo importante e que traz diversos benefícios, porém não é algo confiável, pois sua base é a maneira como a pessoa se sente, e os sentimentos são imprevisíveis.

Diversos fatores podem afetar os sentimentos, desde o nível de açúcar no sangue, hormônios, depressão, flutuações químicas, saúde, estímulos externos. Enfim, não podemos ter como estratégia algo tão volátil. Todos podem ter dias ruins com energia baixa. Essa não pode ser a base da estratégia.

Uma teoria conhecida como Lei do Decréscimo da Utilidade Marginal diz que você aprecia menos o terceiro pedaço de pizza do que o segundo, e o quarto você aprecia menos do que o terceiro. A mesma coisa acontece com o comportamento humano. Quando chegam à Gaia, as pessoas ficam altamente entusiasmadas com um monte de gente jovem, feliz, fazendo coisas interessantes. Para quem trabalhava em uma empresa "tradicional", à primeira vista a Gaia parece o paraíso. "Estou encantada com a Gaia" é uma frase que já ouvi algumas vezes.

Porém, o que era novidade aos poucos vai se tornando normal. A excitação é uma aliada no início, mas pode se tornar uma inimiga quando ela se reduz. A ideia de que você deve estar motivado para agir é uma crença destrutiva. Esse é o cenário perfeito para entrar numa espiral da preguiça e procrastinação, e assim você não fará nada.

A estratégia baseada na motivação, portanto, não possui uma base sólida. Qual deve ser então a estratégia para engajar as pessoas?

O mais importante, a meu ver, é o alinhamento da missão de vida da pessoa com a da empresa. A missão de vida das pessoas, como já disse antes, também é conhecida como meta nobre. Claro que a missão de vida de ninguém é transportar passageiros, como seria a missão de uma empresa de transportes. Mas ao identificar uma empresa com valores alinhados aos seus, um ambiente que permita que você desenvolva suas forças e sua meta nobre, você estará criando um vínculo de longo prazo que não estará sujeito ao maremoto dos sentimentos diários.

Isso é lindo na teoria, mas o desafio não é tão fácil. O primeiro ponto é fazer as pessoas encontrarem sua missão de vida. Existem cursos, livros, terapias e diversas formas de reflexão para aprimorar o autoconhecimento.

Mesmo para quem não tenha clareza sobre qual é o seu papel neste planeta, é possível conseguir um engajamento maior quando a pessoa é alinhada com os valores e se sente parte importante da empresa. Para isso, com o intuito de fazer as pessoas se sentirem mais integradas à Gaia, criamos a Gaia Ação.

Gaia Ação

Em meados de 2013, recebi uma mensagem via LinkedIn de um tal de Julio N. Ele dizia algo como: "Sou empreendedor e li um pouco sobre a

Gaia, gostei muito do jeito que vocês fazem as coisas, queria marcar um bate-papo de empreendedor para empreendedor".

Dei uma pesquisada no Google sobre ele. Pareceu interessante. Marcamos a conversa. Contei um pouco sobre nossa história, nossos valores e negócios e ele falou sobre sua vida empreendedora. Várias histórias interessantes em diversos ramos. Aquela conversa foi uma experiência enriquecedora.

Cerca de três dias depois de nos encontrarmos, recebi um livro usado com uma bela dedicatória. Ele lera esse livro havia alguns anos e me dera de presente. Presentes assim têm um valor imensamente superior a outros que podem custar milhares de vezes mais.

O livro se chama *Dedique-se de coração*, escrito por Howard Shultz, CEO da Starbucks. Esse seria o terceiro livro que influenciaria o andamento da Gaia, e, assim como o segundo, o ganhei de presente após um agradável bate-papo. Como a vida é interessante, não?

Uma das coisas que me fascinou no livro é o amor com que a Starbucks trata o café, buscando fazer sempre o melhor. É muito parecido com a maneira como fazemos as coisas dentro da Gaia. Uma das ações mais bem-sucedidas que Howard fez foi possibilitar a todos os funcionários da rede de cafeterias a se tornar sócios do negócio, independentemente do cargo. Achei aquilo fantástico!

Já pensou trabalhar em uma empresa da qual você pode se tornar sócio, mesmo não sendo um alto executivo?

Ideia concebida, agora era só adaptar para a Gaia. Na Starbucks, o funcionário com seis meses de trabalho já ganhava esse direito. Conversei com minha sócia, e ela sugeriu dois anos, pois o prazo de seis meses é muito curto, visto que nesse período as pessoas ainda costumam estar deslumbradas com a Gaia, enxergando ali o paraíso. Depois de dois anos é que identificamos se realmente há alinhamento com nossos valores. Achei que fazia sentido. Porém, só o fato de a pessoa ter esse tempo de casa não deveria ser suficiente para poder se tornar sócia.

Definimos que para poder comprar as cotas as pessoas deveriam cumprir dois requisitos:

- Ter pelo menos dois anos de empresa como empregado.
- Fazer duas provas e não errar nenhuma questão.

As perguntas da prova já seriam conhecidas previamente por quem fosse fazê-las e não mudariam de uma prova para outra. Eram elas:

- Quais são os dez valores da Gaia? (Pode ser fora de ordem.)
- Quais são as empresas da Gaia?
- Qual é a missão da sua área?
- Qual é a missão do Grupo Gaia?
- Qual é a visão do Grupo Gaia?

Nada tão complexo. A primeira prova seria em data conhecida, mas a segunda se daria em qualquer momento do ano. Assim, todos precisariam estar sempre afiados com nossos valores e missões.

Sem bônus, agora é prêmio

Já mencionei o livro *Motivação 3.0*, de Daniel Pink. Encontrei esse livro quando estava fazendo uma pesquisa sobre motivação. O autor acredita que as empresas usam ferramentas erradas na tentativa de motivar os funcionários. Reforçando meu pensamento sobre motivação, para ele, a ideia da motivação como algo gerado pela expectativa de se obter recompensa pode acabar por reduzir a motivação intrínseca à tarefa. O que era feito por prazer passa a ser visto como obrigação.

Em um experimento relatado em *Motivação 3.0*, formaram-se três grupos de crianças que gostavam de desenhar. Para o primeiro grupo foi dito que receberiam uma recompensa pelos novos desenhos; para o segundo não foi dito nada, mas receberam uma recompensa após desenharem; e para o terceiro não foi dito nada nem receberam recompensa.

Após o experimento ser executado algumas vezes, os grupos 2 e 3 demonstraram muito mais interesse em desenhar do que o grupo 1. O motivo é que a lógica do "se-então" reduz a motivação intrínseca ao tirar a sensação de autonomia.

Ao oferecer uma recompensa, a pessoa dá sinais de que a tarefa não é desejável, pois se fosse não seria necessária a recompensa. A partir do momento em que você dá recompensa, o outro sempre irá esperar algo em troca, cada vez mais. A atividade realizada se torna uma obrigação.

A política da cenoura e do chicote (colocar a cenoura na frente do coelho e, se ele não andar em direção a ela, chicoteá-lo) não funciona em atividades não rotineiras, pois:

- tira a motivação interna;
- diminui o desempenho;
- reduz a criatividade;
- reduz o bom comportamento;
- pode encorajar mentiras, atalhos e comportamento antiético;
- conduz a pensamento de curto prazo.

Apesar disso, é assim que a maioria das empresas do mercado financeiro trabalha. Talvez, se não fosse assim, teríamos evitado muitas crises causadas pelo excesso de ganância no curto prazo.

A linha-base (salários, benefícios) deve ser adequada e justa. Recompensa externa, como dinheiro, deve ser inesperada e oferecida somente após a tarefa ter sido completada. Mostrar a recompensa antes irá fazer com que o foco seja a recompensa e não a atividade em si.

Partindo dessa premissa, resolvemos inovar. Até 2013, costumávamos fazer a avaliação de todos da Gaia em janeiro, avaliação essa relativa ao ano anterior. Já em fevereiro, pagávamos os bônus pelo trabalho feito. Tivemos situação em que estagiários achavam que ganhariam um bônus e que comprariam uma casa. Um grande absurdo, até porque estagiários não ganham bônus. Mas essa expectativa era extremamente frustrante.

Todos criam expectativas: se recebe exatamente o valor que espera, a pessoa não fica tão feliz; se recebe menos, fica triste; e, se recebe mais, corre o risco de se incomodar ao saber que outra pessoa ganhou mais. Enfim, a chance de dar certo como motivação é muito pequena.

Em 2014 resolvemos fazer diferente. A solução que encontramos foi acabar com os bônus e instituir os prêmios. Prêmios são pagos durante o ano, sem qualquer obrigação. Funciona como uma surpresa para quem acharmos que merece.

Não há qualquer vínculo direto com as metas. O prazer de bater as metas deve ser a própria sensação de vê-las atingidas e assim obter o reconhecimento. Claro que, no longo prazo, quem bate mais metas tende a receber mais prêmios, pois são os que mais se destacam.

O começo desse novo formato foi interessante. Ao chamar os funcionários individualmente, no meio do semestre, e contar a eles que iriam receber o prêmio, pude perceber que a ciência estava certa: todos ficaram muito satisfeitos. Pareceram mais alegres e realizados do que quando anunciei qualquer bônus anteriormente, mesmo que os prêmios, em comparação com os bônus, tivessem valores mais baixos.

O conceito é receber mais vezes um valor menor, ao invés de um grande valor de uma só vez. Mas lembrando sempre que o dinheiro é a consequência e não o objetivo do trabalho.

Agosto e setembro negros

O Brasil parou durante a Copa do Mundo em julho de 2014. Quando a Copa terminou, o ano recomeçou. Agosto parecia um mês normal... mas então ocorreu uma série de eventos inesperados.

Recebemos o pedido de demissão de uma pessoa da Área VIP (nossa versão para o tradicional RH, que, como já dito, na Gaia significa *Valores Integrando as Pessoas*). Em seguida, tive uma conversa séria com o Augusto. Em janeiro de 2014, ele havia montado conosco a GaiaFit, empresa de camisetas esportivas. Devido a algumas diferenças conceituais que já vínhamos tendo, achamos melhor ele sair pelo bem de nossa relação de amizade. Foi bom, conseguimos terminar o relacionamento societário e manter a admiração e a amizade. Entretanto, a saída de Augusto foi uma baixa relevante dentro da Gaia.

Pouco depois, um casal formado por um advogado e uma estagiária pediu demissão e foi morar em Curitiba. Na sequência, uma associada que era a responsável pela GaiaServ também decidiu sair.

Já eram cinco baixas em uma empresa de pouco mais de quarenta pessoas, ou seja, mais de 10%, em dois meses.

A bruxa estava solta. No ano anterior, 2013, um banco de primeira linha havia nos trazido um negócio que seria uma operação financeira para uma grande empresa de logística. Nós faríamos o mesmo papel que estávamos acostumados a fazer, porém o trabalho não seria no ramo imobiliário nem do agronegócio, e sim de equipamentos. Fechamos o negócio. Em agosto de 2014, um fiscal do governo foi na Gaia levar uma notificação: estávamos sob investigação por conta dessa operação.

A primeira reação dos poucos que souberam foi de espanto. Nunca tínhamos recebido uma intimação daquele tipo. Ao perguntar para duas pessoas que tinham alguma experiência nisso, a resposta de ambos foi: "O fiscal quer propina, é só pagar que tudo fica certo". Isso é algo que me revolta profundamente. "Ninguém atenda nenhum fiscal sozinho, e não abram brecha para ele pedir nada", falei prontamente para os poucos funcionários que sabiam do caso. "Fechamos a Gaia, mas não pagaremos um centavo de propina", completei.

É impressionante como as pessoas reclamam da corrupção praticada por outros, mas, quando elas mesmas praticam, o padrão de julgamento se altera. Certa vez, li uma frase que dizia que consideramos os erros dos outros como desvio de caráter, mas os nossos erros apenas como deslizes justificáveis.

Como não conhecíamos as nuances do setor, ao estruturar a operação, contratamos uma das quatro maiores auditorias do mundo para validar o negócio e nos cercamos juridicamente para ter certeza de que tudo estava conforme a legislação. Ao receber o pedido de esclarecimentos por parte do fiscal, bateu o desespero. "E agora? Será que tem algo que fizemos errado e não sabíamos?", perguntei para o Vinicius. "Vamos falar com quem entende do assunto", sugeriu ele.

Eu, Vinicius e Fernanda fizemos uma peregrinação por contadores, advogados e ex-funcionários que trabalharam na mesma autarquia do fiscal. Cada pessoa disse uma coisa. Disseram que não sabiam o que fazer, tentaram vender dificuldades, escutei também que poderíamos levar uma multa que chegaria a R$ 150 milhões. Muitos sugeriram que pagássemos propina.

A impressão que tive é a de que a legislação é confusa justamente para que se tenha um alto grau de subjetividade nas análises e assim haja maior margem para pedir dinheiro por fora. E, pior, muita gente não sabe qual o caminho a ser seguido, pois, infelizmente, é comum o pagamento de propina.

O cenário não estava nada animador. Enquanto isso, dentro da Gaia tínhamos de mostrar serenidade para que os negócios continuassem normalmente. Até porque não havia nada além de um início de investigação, e nós tínhamos a consciência limpa de não ter feito nada propositalmente errado.

Ligamos para a empresa de logística que havia nos contratado naquele grande negócio. "Queria falar com o Rodrigo, por favor?", perguntei. "Ele não trabalha mais aqui", respondeu uma pessoa com voz de garoto. Expliquei a situação e ele disse para ficarmos tranquilos que iria ver quem poderia ajudar. Não tivemos muita confiança. Ligamos para os demais envolvidos na operação. "Ricardo?", perguntei. "Não trabalha mais aqui", responderam.

"Oi, Beatriz, queria falar sobre a operação que fizemos no ano passado", finalmente consegui falar com alguém. "Desculpe, estou de licença-maternidade, mas pedirei para entrarem em contato com vocês", respondeu ela, dando-nos a primeira perspectiva de obter alguma ajuda. Mas a coisa não andava, então o Vinicius entrou no *site* da empresa e pegou o nome do diretor de relações com investidores e do diretor financeiro. "Eles entenderão a potencial gravidade do assunto e poderão nos ajudar", afirmou.

Liguei para o diretor financeiro. A secretária quis entender do que se tratava. Tentei explicar de maneira simples, mas mostrando a importância do assunto. Ela disse que ele retornaria. Esperamos, mas os dias se passavam e o temor era cada vez maior.

Até que enfim recebi a ligação de um rapaz com sotaque do interior de São Paulo, que parecia ser gente boa e dizia ser da empresa. Ele disse que gostaria de entender o caso. "Achei que nunca conseguiria falar com ninguém daí", desabafei. Expliquei a operação e ele garantiu que dariam todo o suporte e que arcariam com qualquer eventual problema, pois o negócio era responsabilidade deles. Ficamos muito aliviados, mesmo que só com essa promessa verbal no telefone.

Marcamos uma reunião. Eles trouxeram um advogado e o consultor tributário. Disseram que assumiriam o caso e fizeram questão de afirmar que não compactuavam com nenhum tipo de prática ilegal. Apesar disso, a tensão continuou.

Agronegócio

Um dia eu estava em uma reunião interna e meu colega de resolução de problemas, Vinicius, bateu na porta. "Preciso falar com você urgentemente", ele disse.

"O Carlos (nome fictício de um empresário) disse que não vai conseguir depositar amanhã os R$ 4 milhões que ele deve aos investidores. Se ele não depositar, a dívida toda de R$ 30 milhões fica inadimplente. O mercado todo ficará sabendo, vai causar um barulho enorme, sair no jornal, não temos o que fazer", disse Vinicius, preocupado.

Voltei para a reunião, que não demorou a terminar, e assim que saí liguei para o Carlos. Tive uma das conversas mais duras da minha vida profissional. Aquele não pagamento sujaria muito a imagem do produto, prejudicando não só a nossa estratégia dentro do agronegócio, mas o mercado de títulos financeiros do agronegócio. O barulho iria ser grande.

Chamei cinco executivos nossos para uma reunião de urgência a fim de dividir o problema. "A única saída que vejo é que a Gaia empreste esses recursos. Carlos garantiu que em 15 dias consegue nos pagar. O que acham?", perguntei.

"Isso representa uma boa parte do nosso patrimônio, não é nosso papel fazer isso, não concordo. Até porque ele já deu sinais de que não devemos confiar nele", respondeu um dos presentes. "Não vejo saída se não fizermos, não é um caso específico, mas algo emblemático para o mercado, acho que temos que fazer, mesmo sabendo que é enorme o risco para a Gaia", falou outro.

Depois de mais tempo de conversa, todos concordaram com essa última visão. Liguei para o Carlos. "Carlos, não acho que você mereça, mas faremos algo que nunca fizemos para ninguém, colocando em risco anos de trabalho para ajudar você e o mercado." Fui extremamente duro nessa conversa, talvez mais do que devesse, mas aquele era o meu sentimento, eu não conseguiria fazer diferente.

"João, muito obrigado, estou vendo o que estão fazendo por mim. Não tenho o que dizer, estou com vergonha, mas garanto que a Gaia vai receber o dinheiro, tenho R$ 5 milhões para receber no dia 29 e vocês receberão o que estão me emprestando." Decisão tomada. Passamos quinze dias resolvendo os outros problemas de agosto.

No dia 22, quem me liga? O Carlos. "João, estou desesperado, o cliente que nunca atrasou um dia acabou de me mandar um *e-mail* dizendo que por problemas de sistema não fará o depósito no dia 29. E que, assim que resolverem, o farão."

"Carlos, o problema não é só a Gaia não receber, mas a dívida toda ficar inadimplente. Se isso acontecer, de nada terá adiantado todo o nosso esforço. Vamos dar um jeito deles pagarem, não é possível..." Nesse dia eu estava mais otimista, não sei o motivo, mas estava.

Em cinco minutos ele me liga novamente. "João, o meu assessor financeiro deu uma ótima ideia. Vou ligar para a empresa e dizer que se não pagarem o nome deles também vai sair como inadimplentes no mercado financeiro. Eles acham que estão só postergando um pagamento, mas a realidade é que essa postergação prejudicará dezenas de investidores. Se souberem disso, pensarão duas vezes antes de tomarem qualquer atitude", disse o Carlos. "Tem toda a razão, e pode dar o nosso contato que eu confirmo a história, até porque é 100% verdadeira", respondi parcialmente aliviado.

Veio o fim de semana e nada de resposta. Eis que três dias antes da data marcada para o pagamento, Carlos me liga. "João, tudo certo, vão pagar!" "Que ótima notícia. Vamos aguardar ansiosos esses próximos dias", eu falei. Na data certa, pagaram! Ufa! Assim tiramos um grande peso das nossas costas.

Saída da segunda sócia

Ainda em setembro, sofremos mais uma baixa. Uma perda forte. Fernanda, amiga e grande parceira de trabalho nos últimos quatro anos, decidiu sair da sociedade para tocar negócios da família.

Pela segunda vez uma sócia resolvia sair. Com todos os aprendizados que tive com a primeira sócia, desta vez o processo foi tranquilo, graças ao fato de antes da entrada da Fernanda na sociedade já termos combinado e formalizado como seria uma eventual saída de um dos sócios. Foi só seguir o que estava na documentação e assim conseguimos evitar qualquer desgaste.

Apesar de a saída ter sido tranquila, o momento da empresa estava complicado. Agora eu me via sozinho com a responsabilidade de segurar a onda, mesmo tendo o apoio enorme dos que ficaram, em especial de Vinicius, Bira e Aline. No impulso, chamei uma pessoa que conhecia todos os problemas da empresa para ser sócio do Grupo. Por motivos pessoais, ele não aceitou.

Desde o começo da minha história como empreendedor eu conto pelo menos dez pessoas físicas ou empresas que se aproximaram para se tornarem sócias da Gaia. Só que ter um sócio é como um casamento. Há muitas coisas a se considerar e eu não imaginava que em certo momento eu teria dificuldades para encontrar tal pessoa ou ouviria uma recusa. São momentos como esses que fazem você crescer e ficar mais forte.

Para piorar, a turma do jurídico me informou que, pela lei, eu teria um prazo de seis meses para achar um novo sócio para a Gaia. Com a saída de Fernanda, eram seis pessoas a menos na Gaia em dois meses, quase 15% do quadro total.

Café

A maré estava turbulenta. Tudo parecia ter vindo de uma vez. Em janeiro de 2014 havíamos feito uma operação com produtores de café e com uma grande *trading* internacional. Foi uma experiência interessante. Nós contratamos dois grandes escritórios de advocacia, um banco com forte atuação no setor e ainda a assessoria de outra empresa para que tudo corresse bem.

A certa altura, ficamos sabendo que uma cooperativa de café, que era devedora da operação, estava mal de finanças. Dificilmente pagaria. Mais um problema para gerenciarmos, desta vez envolvendo dezenas de pequenos produtores de café do interior de Minas Gerais. Não exagero quando falo que tudo de ruim resolveu acontecer naqueles meses de agosto e setembro.

Contratamos a assessoria jurídica do Demarest para nos defender no caso. Com a competência deles, e alguma sorte, segundo os próprios advogados — num gesto de humildade—, conseguimos ter uma posição privilegiada, pois arrestamos o café e algum dinheiro da conta dos produtores para nos pagar.

"Que bom, já temos café e dinheiro suficientes para pagar nossos investidores", festejamos. "Não é bem assim", respondeu Renato Buranello. "Agora vão começar os recursos, se não chegarmos a um acordo, pode demorar até cinco anos para encerrarmos o caso." Dessa forma aprendemos que todo aquele trabalho enorme dos advogados serviu apenas para forçar os devedores a fazer um acordo e pagar. Não que seja pouco, isso era o bastante e nos deu um grande alívio. Mas então compreendemos que, se dependêssemos da justiça, o caso poderia ir longe.

Onda Azul

A minha vida, que era montar negócios, virou de cabeça para baixo. Passou a ser resolver problemas de toda natureza. Societários, organizacionais, até de inadimplência... Adversidades são o que o empreendedor mais enfrenta, sabemos disso, mas precisavam vir tantas de uma vez só? Eu estava realmente incomodado com a situação.

Algo estava faltando. Eu não sabia bem o que, mas senti que estava relacionado ao cultivo da espiritualidade. Estávamos dando pouca atenção a esse lado. Chamei cinco gaianos que, no meu entender, tinham uma relação boa com espiritualidade, independentemente de suas religiões. Sugeri que, confidencialmente, fizéssemos um grupo de oração e mentalizações, a fim de espalhar boas energias.

Em uma das reuniões, a Naty falou que gostava de imaginar uma onda de coisas boas entrando na Gaia. Essa imagem veio muito forte na minha cabeça. À essa imagem e suas vibrações demos o nome de Onda Azul.

Nos nossos encontros, nos concentrávamos no primeiro passo da Onda Azul, que é *Tenha entusiasmo e fé*, fechávamos os olhos e cada um com a sua espiritualidade e crença se fortalecia para que pudéssemos espalhar boas energias e vibrações para reverter aquela situação ruim. Eram encontros semanais de dez a quinze minutos que sempre se encerravam com abraços e sorrisos. Algo muito simples, mas poderoso.

O primeiro efeito da Onda Azul foi nas demais pessoas. Apesar de algumas coisas não planejadas estarem acontecendo, começamos a espalhar entusiasmo e certeza de virada do jogo. Mesmo com algumas perdas de funcionários, a equipe ficou mais forte e coesa, com todos lutando na mesma direção.

De maneira gradual consolidamos o conceito. A Onda Azul se tornou um método de melhoria contínua, que pode ser aplicado para superar adversidades tanto na vida pessoal quanto na profissional. O método Onda Azul é composto por três etapas sequenciais que se fortalecem a cada ciclo:

1. Tenha entusiasmo e fé

A primeira etapa é o entusiasmo e a fé. Essa é a faísca que faz o fogo se espalhar. A intensidade dessa fase está diretamente relacionada ao progresso que será conquistado. Quanto mais fortes o entusiasmo e a fé, melhores os resultados das etapas seguintes.

O entusiasmo contagia. Já chegou perto de alguém que está emanando energia positiva? Você se sente bem só de estar ali.

Quando eu estava com o presidente daquele banco que queria comprar a Gaia, ele disse, olhando nos meus olhos: "Quero ser seu sócio". Isso contagia. Como já contei, o negócio não foi pra frente, mas esse entusiasmo que ele expressou certamente o ajudou a fechar muitos negócios.

Já percebeu o brilho no olhar dos grandes atletas antes da decisão? Faz toda a diferença. Mais adiante falarei sobre como se pode obter entusiasmo.

O outro passo dessa etapa é ter uma fé inabalável de que vai conseguir. Não estou dizendo "fé" no sentido religioso, mas no sentido de confiança e de certeza. Essa é uma das características dos grandes líderes, segundo Jim Collins no seu livro *Good to Great*. Mesmo que você esteja longe de ser um grande líder, viver com entusiasmo e ter fé inabalável farão a diferença.

"Mas prefiro esperar o pior, pois, se algo bom acontecer, eu fico no lucro." Certamente você já pensou ou ouviu isso, ou até mesmo pensa recorrentemente dessa maneira. Tenho dois motivos para convencer você a mudar:

- Ao pensar no pior, a sua chance de conseguir o melhor se reduz muito. Imagine um jogador de tênis entrando em uma partida esperando que vá perder. Qual a chance de ele ganhar? Você apostaria nele?

- Pesquisas sobre "anticipated utility", conforme apresentadas no livro *Are You Fully Charged?*, comprovam que a expectativa de um evento proporciona mais felicidade do que o evento em si. Mesmo a memória do evento positivo produz mais bem-estar do que a experiência atual. Certamente você já passou por isso. Então a coisa mais sábia a fazer é esperar o melhor, pois você começará a aproveitar os benefícios já antes do evento em si.

Em uma pesquisa com mais de nove mil trabalhadores, feita por Peterson, Park, Hall & Seligman em 2009, foi comprovado que o entusiasmo tem correlação à satisfação global com a vida e com o trabalho da pessoa.

"Ótimo", você diz, "entendi a importância do entusiasmo e da fé, mas e agora? O que faço?" Cada um deve desenvolver seus caminhos, mas aqui vão algumas sugestões que podem ajudar na obtenção de entusiasmo e fé:

- Saiba o que você quer. Nem que seja algo mais abrangente, como ter um dia excelente.

- Feche os olhos e imagine essas coisas boas acontecendo. A imaginação é ilimitada.

- Tenha a sensação de que você já conseguiu, isso lhe trará uma enorme alegria interior.

- Crie um movimento ou algo que "carimbe" aquele momento e conclua bem seu ritual. (Todos os dias após o banho matinal eu tomo uns poucos segundos de ducha gelada e cerro os punhos em um sinal de comemoração das coisas boas. Devo parecer um louco fazendo isso, mas funciona. É algo muito rápido, nem dá tempo de passar frio, mas gera uma energia incrível.)

É fundamental que comecemos o dia entusiasmados, felizes e com a certeza de que o dia será excelente. Isso possibilita que você desenvolva pequenas profecias autorrealizáveis. A prática diária de rituais matinais que nos proporcionem entusiasmo faz com que os efeitos dessa prática sejam cada vez mais fortes.

2. Faça!

Não adianta ficar mentalizando que vai conseguir um emprego e não enviar o currículo para a empresa. Nuno Cobra, o famoso preparador físico de Ayrton Senna, fala sempre das cinco letras mágicas que resolvem tudo: F A Z E R. Para ele, o sábio não é aquele que sabe, mas aquele que faz o que sabe.

Simplesmente faça! Uma das maiores leis universais é: "Você colherá o que plantar". Portanto, plante o que você deseja colher no futuro. Se fizer com entusiasmo e acreditando que conseguirá, a chance de atingir sua meta será ainda maior. Não espere milagres. Não espere que as coisas cheguem até você. Vá atrás.

No livro *Outliers*, o autor Malcolm Gladwell diz que o que fará a pessoa atingir um nível internacional, em diversos ramos de atividade, é a prática da atividade por dez mil horas.

Nesse livro ele apresenta um estudo com violinistas. Os melhores músicos tinham uma média de dez mil horas de prática, enquanto os demais tinham cerca de quatro mil horas. Bill Gates e Paul Allen, fundadores da Microsoft, já eram programadores por muitos anos antes de fundarem a gigante de computadores. Os Beatles tocavam oito horas por noite, sete dias por semana, em bares na Alemanha e da Inglaterra. Em 1964, ano em que apareceram para o mundo, os Beatles já tinham se apresentado mais de 1.200 vezes, uma marca que algumas bandas não atingem durante carreiras inteiras.

Não se sabe o quanto os genes têm papel importante no sucesso de uma pessoa, mas um fato é certo: a prática e a ação é que farão a diferença. Portanto, faça por merecer.

3. Aprenda

Após uma ação sempre há um resultado. Após todo resultado pode haver um aprendizado, só depende de você enxergá-lo.

Se o resultado foi o desejado, excelente, você está no caminho certo. Celebre e procure aprender, apesar de ser mais difícil aprender quando as coisas dão certo. Na vitória, a humildade é a maior aliada do aprendizado. Sem ela, pensamos que atingimos o topo; mas existe topo, sempre podemos subir mais um degrau.

Se o resultado não foi o planejado, você tem duas opções: (i) lamentar e reclamar, ou (ii) assumir a responsabilidade e buscar aprender ao máximo. Se a sua opção foi a segunda, fique feliz com a possibilidade de aprender. Resultados não desejados são a nossa maior fonte de aprendizado. Passo a palavra aos mestres:

- "Eu não falhei. Apenas encontrei 10 mil maneiras que não funcionaram", Thomas Edison.

- "O sucesso é a capacidade de ir de fracasso em fracasso sem perder o entusiasmo", Winston Churchill.

- "O fracasso é a oportunidade de começar de novo, só que com mais sabedoria", Henry Ford.

- "É ótimo comemorar o sucesso, mas é mais importante prestar atenção às lições do fracasso", Bill Gates.

- "Não existe fracasso. Existe somente resultado", Tony Robbins.

- "Cada adversidade, cada falha, cada mágoa traz consigo a semente de um maior ou igual benefício", Napoleon Hill.

- "Eu perdi mais de 9 mil arremessos na minha carreira. Perdi quase 300 jogos. 26 vezes confiaram em mim para fazer a cesta da vitória, e eu falhei. Eu falhei uma, outra, várias vezes em minha vida. E é por isso que eu consegui", Michael Jordan.

No momento da implantação da Onda Azul, tínhamos dois tipos de problemas: aqueles que dependiam exclusivamente da gente, como a saída de parte da equipe, e aqueles que dependiam parcialmente da gente, como o da investigação da empresa de logística, da cooperativa de café inadimplente e do empresário que nos pediu R$ 4 milhões.

Primeiro resolvemos o problema interno. Em seguida, com uma equipe forte, entusiasmada, indo na mesma direção, fazendo e aprendendo, fomos superando cada um dos obstáculos e tendo surpresas positivas, das quais falarei mais adiante.

A Onda Azul, ou seja, o ciclo *Tenha entusiasmo e fé-Faça!-Aprenda*, deve ser sempre renovada e retroalimentada, pois a cada volta ela fica mais forte. Se tentássemos encaixar esse ciclo no tempo de duração de um dia, eu o colocaria dessa maneira: de manhã, acorde com entusiasmo e fé; durante o dia, faça!; à noite, aprenda. Quanto mais girar, mais forte esse ciclo será, gerando continuamente consequências positivas.

Esse ciclo que caracteriza a Onda Azul tem o poder de contaminar positivamente qualquer ambiente e espalhar uma onda extremamente positiva de realizações. Muitos vão achar coincidência, mas eu acredito na força de vontade e no trabalho. Mesmo com a saída de várias pessoas da Gaia, as que ficaram abraçaram o negócio com determinação. Seguindo as três etapas da Onda Azul, todos aqueles problemas começaram a ser resolvidos e, além disso, boas surpresas aparecerem em nosso caminho.

A empresa com melhor relação com funcionários do Brasil

Eu estava em reunião quando uma funcionária pediu licença e entrou dando pulos de alegria. "João, estou muito feliz", disse ela. "Tô vendo, fala logo", respondi curioso. "Vamos ganhar um prêmio! A revista *IstoÉ* nos selecionou como a empresa com melhor relacionamento com funcionários do Brasil", ela disse com um sorriso de orelha a orelha.

Tínhamos nos inscrito nesse prêmio havia alguns meses e eu havia esquecido completamente que estávamos concorrendo. Ao receber a notícia, sem esperar por ela, a felicidade foi maior ainda. Todo o trabalho que vínhamos fazendo desde o início da Gaia, sempre pensando em construir algo diferente, que revolucionasse a maneira como as pessoas encaram o trabalho, estava pela primeira vez sendo reconhecido por gente de fora e aparecendo para o mundo.

Organizamos às pressas um pequeno evento interno, no qual falamos das várias coisas bacanas que estavam acontecendo. Distribuímos o *Manual do Funcionário*, um pequeno documento muito bem feito pela nossa agência de publicidade Sagarana, em que contamos como são as coisas na Gaia. No fim do evento, mostramos a todos a grande novidade.

"Parabéns, vocês trabalham na primeira empresa eleita pela revista *IstoÉ* como a melhor do país no relacionamento com os funcionários, dentre as de porte pequeno", falei empolgado. A felicidade foi geral na Gaia.

Eu queria levar todos os cinquenta gaianos para a festa de premiação. Conseguimos dezesseis lugares, o que não é pouco. O evento foi em um bufê superchique, com algumas das principais empresas do país. Tinha imprensa, jantar e entrega dos prêmios. Além de ganhar nessa categoria, ficamos em terceiro lugar em "Relação com a Comunidade" e em "Governança". Fizemos um anúncio de página inteira na *IstoÉ*, no qual colocamos a foto de todos os gaianos.

Estávamos precisando de uma surpresa dessa para levantar a nossa moral.

BCorp

Pouco depois, recebemos a notícia de que havíamos ganhado o título de Empresa B, também conhecido como BCorp. BCorp é um movimento global de empresas que não visam apenas ser as melhores do mundo, mas principalmente as melhores para o mundo. É um processo bastante intenso, em que são analisados vários aspectos e práticas da empresa.

Vejo as empresas B como uma evolução do capitalismo. Não podemos achar que os governos e as ONGs devem resolver todos os problemas da sociedade, que as empresas não têm nada a ver com isso e que só devem ter o objetivo de deixar os acionistas mais ricos. É muito egoísta e tacanho pensar dessa forma.

Sem dúvida, as companhias devem assumir uma responsabilidade social, desde a forma como tratam seus funcionários, clientes, fornecedores, até se envolver com a proteção ao meio ambiente. É assim que as empresas B pensam. É assim que agimos na Gaia.

Fomos a vigésima primeira empresa brasileira (a primeira com atuação no mercado financeiro) a conseguir o selo B. A minha torcida é para que em breve sejam milhares os que pensam e agem como nós.

Esse título foi mais um motivo de felicidade e orgulho, e nos mostrou que a Onda Azul continuava a trazer boas energias e surpresas para a Gaia.

Maior do Brasil no agronegócio

Seguindo uma leva de coisas boas e colocando em prática a segunda etapa da Onda Azul, *Faça!*, montamos a maior operação de securitização do agronegócio na história do país. Uma operação de R$ 675 milhões para a Raízen, com enorme repercussão na mídia e no mercado financeiro. Mais de duas mil pessoas investiram nesse título.

Com esse negócio, nos tornamos a maior empresa do segmento no país. O que tínhamos conseguido em 2011 no ramo imobiliário, nesse momento repetíamos no ramo do agronegócio. Mais um motivo de orgulho para os gaianos.

O ano de 2014 foi muito bom para a Gaia Agro. Pegamos diversos negócios e conseguimos uma exposição enorme no setor. Para dar uma ideia, a Gaia duplicou o mercado em um ano. Até janeiro de 2014, o mercado inteiro de títulos do agronegócio totalizava cerca de R$ 1,2 bilhão. Durante o ano 2014, emitimos R$ 1,2 bilhão. Aquilo que todos haviam feito, nós duplicamos em um ano.

Viva com garra, *Fortaleça o grupo*, *Vá além e surpreenda*. Eu resumiria a nossa caminhada no ramo agro com esses três valores, desde a ideia em 2011 até o topo em 2014. Depois de termos a ideia de entrar no agronegócio, em 2011, como disse, a abertura da Gaia Agro se deu em janeiro de 2012. Ano em que, apesar de estarmos bastante otimistas e de termos feito inúmeras prospecções, não faturamos nenhum centavo. De acordo com o ciclo da Onda Azul, o resultado não desejado deve trazer aprendizados para que comecemos o ciclo seguinte com mais entusiasmo, e foi assim que continuamos ajustando a estratégia e permanecemos fazendo e lutando com mais garra para atingir a liderança do setor.

Encontrar bons parceiros e ajuda mútua, como a Czarnikow, o Demarest e alguns bancos, foi fundamental para conseguirmos chegar a algum lugar. Também deve ser destacado o espírito de colaboração da Gaia, em que uma área ajuda a outra, o que foi crucial para expandir parcerias que só existiam no ramo imobiliário para o ramo do agronegócio. *Fortaleça o grupo, unidos vamos mais longe.*

Em um mercado que ainda nascia, buscamos surpreender com estruturas novas. Realizamos operações sem classificação de risco e mergulhamos de cabeça no setor de açúcar e álcool, até então inexplorado para essas operações. Buscamos ir além e surpreender.

O empreendedor tem de ser persistente, mas deve sempre estar atento e checando a validade de suas teorias. Nós mudamos o rumo de floresta para açúcar e álcool, mas mantivemos a teoria do agronegócio.

Dois pesos a menos

Eu estava indo para o trabalho quando recebi uma mensagem daquele cara gente boa da empresa de logística. "João, processo encerrado, verificaram que realmente não havia nada de errado na operação. Vamos comemorar."

Um peso que poderia ser de até R$ 150 milhões saiu das nossas costas!

Foram momentos extremamente tensos e difíceis aqueles que vivemos com essa sombra pairando sobre nós, mas ao final tivemos a comprovação de que precisamos agir sempre de acordo com nossos princípios.

Logo na sequência fizemos um acordo, e a cooperativa de café pagou tudo que nos devia, quitamos o CRA e tiramos outro peso das costas.

Gaia Ação

O ano avançava e eu queria aplicar a segunda prova do Gaia Ação. Como já disse, se aqueles que foram aprovados na primeira também fossem aprovados na segunda estariam aptos a comprar cotas do Grupo Gaia. Mas não poderia ser um dia comum. Um acontecimento como esse era digno de uma festa, o que fazia ainda mais sentido porque estaríamos aplicando o nosso décimo valor: *Celebre!*

Se eu avisasse da festa e de seu motivo, porém, a prova não seria surpresa, como era preciso que fosse. Então, anunciei que faríamos uma festa a fim de comemorar os R$ 10 bilhões em negócios da Gaia. Pedi para que um grupo de gaianos organizasse o evento.

Algumas horas antes da festa, marquei com a empresa inteira uma apresentação para explicar o que seria a Gaia+. Lá estavam a turma de São Paulo e de Piracicaba. Comecei a apresentação, todo mundo estava atento. Logo no segundo *slide*, virei para a plateia e disse: "Surpresa, não vou contar o que é a Gaia+. Agora, os seis aprovados na primeira prova farão a segunda prova do Gaia Ação. Os candidatos têm cinco minutos para dar uma última estudada. Boa sorte!". Eles me olharam estarrecidos, simplesmente não esperavam ouvir aquilo.

Depois da prova, já durante a festa, em clima de ansiedade e nervosismo, fui chamando um a um os aprovados. Emerson, Gabriela, Vanessa, Aline, Natalia e Sandra Paes, todos passaram. Foi emoção à flor da pele. Cada um ganhou uma orquídea para simbolizar aquele momento bonito. Estavam realmente felizes e emocionados. Os seis agora poderiam ser sócios do Grupo Gaia. Tiramos fotos e celebramos demais. Como eu já disse, esses momentos de celebração marcam as pessoas, são muito importantes.

Isso nos leva ao dia 4 de dezembro de 2014, quando Sandra Paes deu um grande passo e, além de cuidar da infraestrutura da Gaia e da minha agenda, se tornou a primeira funcionária a se tornar sócia do Grupo Gaia.

Por isso digo que uma Onda Azul literalmente passou pela Gaia e causou um impacto impressionantemente positivo nesse período. Logo em seguida fizemos um evento na Bolsa de Valores de São Paulo para lançar o CRA da Raízen. Tivemos ótima repercussão. Nesse dia cheguei a entrar ao vivo falando no Canal do Boi, uma engraçada incoerência para um vegetariano.

O fim da avaliação

A avaliação semestral ou anual é um processo muito comum nas empresas. Na Gaia costumava funcionar assim: liberávamos um formulário com itens que julgávamos importantes de serem avaliados para cada funcionário (comportamento, resultados, relacionamentos etc.) e definíamos quem avaliava cada pessoa. Só a Área VIP sabia quem avaliaria quem. O autor de cada avaliação era totalmente confidencial para o restante da empresa. Em seguida, os dados eram compilados e, em uma reunião com duração de uma hora, a pessoa avaliada recebia os formulários que haviam sido escritos sobre ela e alguns colegas comentavam o desempenho do avaliado.

Identificamos vários problemas nesse processo:

- As pessoas ficavam "mais legais" quando se aproximava o período de avaliação.
- Cada um tem uma medida. Apesar de tentarmos unificar, o que era bom para um era razoável para outro. Por exemplo: Ana avaliava com a nota 10 algumas pessoas, já José achava que 8 era uma nota excepcional e só dava essa nota para os fora de série.
- Mesmo que inconsciente, a avaliação era muito focada no curto prazo, pois a memória dos eventos mais recentes estava mais fresca. Dessa forma, os que estavam se destacando perto da data de avaliação tinham vantagens.
- A Gaia parava por duas semanas.
- O processo criava tensão nas pessoas e um clima de "juiz" e "julgado".

Diante dessas conclusões, resolvi mudar tudo. Decretamos o fim das avaliações e o início do Comunique-se. Durante o ano, todos passariam quatro vezes pelo processo, que é bem simples. O Comunique-se é simplesmente um momento para a pessoa falar, analisar seu alinhamento com os valores da empresa e ouvir, do outro lado, algo construtivo.

Em vez de parar a Gaia duas vezes por ano para fazer as avaliações, as reuniões do Comunique-se acontecem todas as sextas-feiras do ano, conforme um calendário pré-definido, de forma que cada pessoa receberá quatro *feedbacks* no ano.

Ouvir as pessoas tem sido extremamente útil. No Comunique-se descobrimos que líderes estavam desmotivando equipes e com isso mudamos pessoas de cargo, pequenas desavenças foram esclarecidas antes de tomarem grandes proporções, mudamos funcionários de área. No Comunique-se o foco é a melhoria, não o julgamento.

No Apêndice 1, "O jeito Gaia de fazer", eu detalho como funciona o Comunique-se.

CRI Olímpico

Voltemos ao segundo semestre de 2013. Ao mês de novembro, mais precisamente. Foi quando recebi uma ligação de Henry, empolgado: "João, estive com o pessoal responsável pela construção da vila onde serão as Olimpíadas, falei pra eles que podemos captar recursos através do CRI. O que acha de fazermos o CRI Olímpico?".

"Fantástico! Que demais! Meu sonho era poder participar de alguma forma das Olimpíadas. Já que não deu como atleta, que seja como profissional", respondi, feliz da vida.

CRI é o instrumento financeiro que utilizamos para financiar empreendimentos imobiliários. Financiar as Olimpíadas seria algo muito além do que poderíamos imaginar quando montamos a Gaia cinco anos antes. Seria realmente especial. Fomos ao Rio de Janeiro fazer uma reunião com os executivos do consórcio responsável pela construção. Fiquei encantado ao ver o projeto e depois mais ainda ao visitar o local das obras. Apesar disso, nunca entendi o fato de que a superpiscina das Olimpíadas seria construída só para os jogos e depois destruída.

Tiramos muitas fotos do terreno, que ainda era uma grande área deserta. Fiquei imaginando aquele lugar cheio de gente do mundo inteiro e os maiores atletas do planeta circulando por ali.

Nos meses que se seguiram, fomos ao Rio de Janeiro diversas vezes. Primeiro, o consórcio falava que a securitização era muito cara, depois voltou atrás. Foram inúmeras reuniões e ligações telefônicas para explicarmos cada ponto, e nisso o tempo passava. Até que desistiram.

Continuamos nossa vida, agora sem esperança de montar uma operação financeira para as Olimpíadas, mas vivendo o clima da Copa do Mundo que parou o Brasil em 2014. Nos divertimos um bocado, os funcionários eram liberados nos jogos do Brasil, até que veio o fatídico 7 a 1.

Após a Copa, o foco voltou a ser as Olimpíadas. Entramos em contato de novo com os executivos do Consórcio. Marcamos um almoço com eles.

Foi quando descobrimos que nada havia andado. Lá voltamos nós para a mesa de negociações. Dois meses de intenso trabalho para viabilizar o financiamento do projeto.

Finalmente chegamos a um denominador comum que agradasse a todos. Em novembro de 2014, recebi uma ligação. Do outro lado da linha, Henry, com voz imponente e entusiasmada, diz: "João, parabéns, estamos contratados para estruturar o financiamento das Olimpíadas do Rio". Cerrei o punho e comemorei: "Que bom! Deu certo, *yes!*".

Fui imediatamente falar com o nosso time e percebi que todos ficaram extremamente felizes. Foi mais de um ano de trabalho para convencer o Consórcio, o banco, e trazer todos para um ponto comum, alinhar expectativas... e agora estávamos lá. Várias vezes pareceu que todo o trabalho tinha sido em vão. A persistência, em especial do Henry, a resiliência e a vontade nos conduziu a não desistir. Satisfação intensa!

Nos três meses seguintes, trabalhamos duro para colocar o negócio de pé. Análises, *rating*, fluxos financeiros... tudo caminhava bem. Paralelamente, a Polícia Federal encontrou uma série de irregularidades em contratos de empreiteiras com a Petrobrás em uma operação conhecida como Lava-Jato. Fantástico! Para quem sempre lutou contra a corrupção, em todas as esferas, ver essa limpeza foi bastante recompensador.

Porém, para nossa infelicidade, duas das empresas do Consórcio haviam sido citadas nas investigações. Digo infelicidade não pelo fato de elas terem sido citadas, mas por terem sido as escolhidas para fazer a construção da Vila Olímpica. Ainda era só citação, não havia nada de concreto. Naquele momento, várias denúncias estavam aparecendo. Mesmo assim, era uma situação extremamente delicada. Por mais que a operação que estávamos realizando fosse — e era — totalmente lícita e correta, as empresas envolvidas poderiam ter problemas com a justiça no futuro.

Esse CRI seria adquirido por um fundo em que éramos consultores de investimento. O fundo funcionava assim: nós e o banco gestor estruturávamos o negócio de acordo com o regulamento do fundo. Porém, antes de investir, faríamos uma reunião com o comitê consultivo dos investidores. Esse comitê não tinha poderes para aprovar ou rejeitar o investimento, quem aprovava éramos nós e o banco, mas era de bom tom seguir as recomendações dos investidores.

Uma semana antes da reunião do comitê, a operação Lava-Jato estava efervescendo. Fomos para o comitê do fundo e por unanimidade absoluta foi negado o investimento. Não havia como fazer um negócio que poderia sujar a imagem de qualquer um de nós.

Apesar de ser totalmente compreensível e lógica a decisão, ficamos com um gosto amargo na boca. Não iríamos mais financiar as Olimpíadas. Depois de tanta luta, por razões externas ao nosso trabalho, não atingiríamos o nosso objetivo. Era hora de praticar novamente um de nossos valores: *Viva com garra.* Vamos em frente.

Perfil dos funcionários

Nessa fase em que a empresa está no processo de aliar propósitos às suas atividades, procuramos pessoas — que serão em menor quantidade do que as das fases anteriores — que identifiquem a empresa como uma possível auxiliadora na caminhada em busca de seu próprio propósito de vida. Esses são aqueles funcionários que trabalham como donos, que evoluem com a empresa, e que, mesmo que tenham algum desapontamento, sabem que a visão deve ser de longo prazo.

Nessa etapa, precisamos também de líderes. Líderes são aquelas pessoas que inspiram os outros a se moverem mais e melhor. Acredito que o líder pode ser formado, basta querer e se dedicar.

Reflita: imagine que você resolva organizar uma festa de aposentadoria e chama todas as pessoas com as quais interagiu durante os seus vários anos de trabalho. Que comentários gostaria que elas fizessem a seu respeito? De que maneira você contribui para motivar esses comentários?

EMPRESAS COM PROPÓSITO

1. Defina a missão e a visão de cada área da empresa.

2. Incentive os funcionários a encontrar seu propósito de vida.

3. Crie formas para que os funcionários sejam (e se sintam) donos do negócio.

4. Não utilize a política da cenoura e do chicote.

5. Mentalize positivamente, tenha fé.

6. Mesmo que pareça usual, nunca corrompa ninguém.

7. Troque avaliações por *feedbacks* contínuos.

8. Pesquise o que é BCorp.

9. Seja muito resiliente.

10. Tenha entusiasmo e fé, faça!, e aprenda (e depois repita isso, sempre).

Passo 5:
Retribuindo

Vamos relembrar. O primeiro passo foi sobreviver. O segundo, buscar saúde. No terceiro, felicidade. Já no quarto trouxemos significado às coisas por meio do propósito. O que falta?

Tendo tudo isso, que tal deixar o mundo melhor? Você só pode dar aquilo que tem. Não é à toa que nos voos, em caso de emergência, a recomendação é que primeiro o adulto coloque a máscara nele mesmo para só depois colocar na criança.

Depois de esclarecermos para os outros e para nós mesmos qual era o nosso propósito, e com os negócios indo bem, veio a vontade de contribuir mais efetivamente para o futuro, fazendo algo para as próximas gerações.

De um sonho que tive dormindo, mais uma vez motivado por um livro, surgiu a Gaia+.

Antes de falar do que considero nosso melhor projeto, transcrevo um texto, cujo autor, infelizmente, não consegui identificar:

> *A vida é como uma viagem num trem, com suas estações, suas mudanças de curso, seus acidentes. Ao nascermos, pegamos o trem e nos encontramos com nossos pais, e acreditamos que sempre viajarão ao nosso lado, mas, em alguma estação, eles descem e nos deixam sós na viagem.*

> *Da mesma forma, outras pessoas pegarão o trem e nos serão significativas: nossos irmãos, amigos, filhos e até mesmo o amor da nossa vida.*

> *Muitos descerão e deixarão um vazio permanente, outros passarão tão despercebidos que nem nos damos conta de que desocuparam seus assentos.*

> *Essa viagem estará cheia de alegrias, tristezas, fantasias, esperas e despedidas. O êxito consiste em ter uma boa relação com todos os passageiros, dando o melhor de nós.*

> *O grande mistério para todos é que não sabemos em qual estação desceremos. Por isso, devemos viver da melhor maneira, amar, perdoar, oferecer o melhor de nós. Assim, quando chegar o momento de desembarcar e o nosso assento estiver vazio, vamos deixar bonitas lembranças aos que continuarem viajando no trem da vida!*

2015:

Os gaianinhos

Gaia+

Ler é uma das minhas grandes fontes de inspiração e conhecimento. Ninguém chega a lugar algum sozinho. Através do aprendizado que adquirimos por outras pessoas, temos a oportunidade de ganhar experiência num piscar de olhos.

Nas minhas navegações pelo *site* da Amazon, encontrei um livro que me chamou a atenção pelas pessoas que recomendavam sua leitura. Havia uma citação de Richard Branson dizendo: "Para qualquer um com um grande sonho de transformar o mundo, este livro irá mostrar-lhe como fazê-lo". E outra de Deepak Chopra: "Uma história incrivelmente inspiradora que compartilha lições essenciais para a criação de uma vida com significado, paixão e propósito". Com essas recomendações de pessoas que tanto me inspiraram, não tive dúvidas. Comprei *The Promisse of a Pencil*. Adam Braum, o autor, é um jovem que fez visitas a países pobres. Nessas viagens, perguntou para várias crianças o que elas gostariam de ter se pudessem escolher qualquer coisa do mundo. Ele acreditava que ouviria pedidos por iPads, iPhones ou algo do gênero, mas se surpreendeu com as respostas, especialmente com a de um garotinho. Esse garotinho disse que o que mais queria no mundo era uma lapiseira.

Daí surgiu a inspiração de Adam para abandonar seu emprego em uma renomada consultoria americana e abrir uma ONG que tem como objetivo construir escolas em países necessitados. É uma história realmente inspiradora.

Certo dia, em julho de 2014, ao acordar, uma ideia veio muito forte na minha mente, como se alguém tivesse repetido aquilo no meu ouvido durante a noite inteira. A ideia era dar aulas de português, matemática e esportes para crianças. Apesar de ser algo parecido com o que contava o livro de Adam Braum, o conceito que me veio era um pouco diferente. Seria uma "não escola", ou seja, o objetivo era pegar o que há de mais essencial e ensinar, sem pretensão alguma de se tornar uma escola ou um reforço escolar.

Seria um lugar aonde as crianças iriam gratuitamente, por gostar, e onde poderiam aprender coisas úteis para a vida. E o mais importante: um conceito replicável, de forma que poderíamos abrir várias unidades pelo Brasil (a replicabilidade é algo muito falado no *The Promisse of a Pencil*).

O nível das escolas públicas brasileiras é, na sua maioria, muito baixo. Com a comercialização do ensino e a consequente proliferação de faculdades mais interessadas em lucrar do que em ensinar, é comum encontrarmos pessoas que escrevem mal e demonstram péssimo raciocínio lógico.

"Preciso ficar uns dois dias refletindo para ver se faz sentido", pensei, após ter essa ideia, a fim de testá-la.

Depois dos dois dias, a empolgação era igual ou até maior. Falei com o Dudu, meu irmão, e ele adorou. O Dudu é muito ligado à educação e vinha fazendo um trabalho superbacana de educação ambiental no interior do Mato Grosso. Ele disse que queria ajudar.

Mandei um *e-mail* para todos da Gaia dizendo que havia tido (ou que tiveram por mim) a melhor ideia da minha vida, a Gaia+. Não contei nada além disso, pois queria materializar o conceito antes de espalhar.

Individualmente, falei sobre a ideia para poucas pessoas. "Incrível, quero participar", foi o comentário unânime, geralmente acompanhado por um brilho nos olhos de quem ouvia.

Conceito testado, traçamos a estratégia de implementação.

Formando o time

Dudu sugeriu chamarmos a Flávia, professora da Escola de Aplicação da

Universidade Federal de Goiás, escritora premiada e apaixonada por educação. "Explique pra ela e veja o que ela acha", pedi para o Dudu.

No dia seguinte, Dudu me ligou. "Ela adorou e está dentro, topou na hora, João". Marcamos uma reunião com outras duas pedagogas que tinham ótima experiência trabalhando no Instituto Ayrton Senna. Elas estavam acostumadas a visitar escolas apoiadas pela ONG.

Fechado o time, fizemos uma reunião e colocamos na mesa os desafios. "Tem de ser algo atraente, feito de uma forma que desperte o interesse das crianças. Usem a criatividade de vocês ao extremo. Como não somos escola, temos muito mais liberdade. Queremos fazer com que as crianças se interessem pela comunicação e que possam desenvolver o raciocínio lógico e o lado lúdico, com foco em trabalho em equipe. Queremos que trabalhem pautados pelos dez valores da Gaia."

Mas não era só isso. "Temos de colocar a Gaia+ para funcionar em fevereiro de 2015, no início do ano letivo das crianças. Sabemos que o tempo é curto, que só temos uma ideia e pessoas, mas podemos contar com vocês?", eu perguntei.

Dudu respirou fundo e disse: "Conte conosco, vamos fazer um baita trabalho". Todos concordaram e partiram para se organizar. Discutiram a linha pedagógica a seguir, o tempo de cada aula, o perfil dos professores e dos alunos. Tudo extremamente interessante. Dudu e Flavinha ficaram responsáveis pela organização da Hora do Pensar (matemática) e pela coordenação geral. As outras pedagogas se responsabilizaram pelo material da Hora do Comunicar (português).

ONG do tipo empresa

Um conceito que implementamos é que nosso olhar para a Gaia+ não seria diferente da maneira como olhamos nossas outras empresas. Todos os funcionários seriam registrados e remunerados. Se o trabalho fosse voluntário, não poderíamos exigir o mesmo comprometimento. Os números da ONG seriam auditados por uma empresa de primeira linha.

Montamos um conselho fiscal com um time extremamente qualificado e com interesse pelo assunto. Tendo tudo isso definido, apresentamos o projeto para os funcionários da Gaia. A receptividade foi enorme. Não esperávamos outra coisa, afinal, eles sentiram que iriam participar de algo com um propósito maior.

Além do suporte financeiro do Grupo Gaia, queremos crescer da forma mais sustentável possível. Avançando para 2016, o gaiano Clebinho teve a ideia de transformarmos diárias vagas de hotel em fonte de financiamento para as novas iniciativas da Gaia+. Demos o nome ao projeto de Viagem do Bem e iniciamos a montagem desse produto que pode nos levar a muitos lugares e transformar a vida de muita gente.

Espaço Gaia

Estávamos repensando a estratégia do Espaço Gaia, aquele lugar que havíamos montado em 2011, onde oferecíamos pilates, estética e podologia, além de sublocar para nutricionista e psicóloga. Era algo que consumia bastante energia. Lutávamos para ter um lucro pequeno ou teríamos de acabar no prejuízo. O que ajudava era o fato de a Gaia Esportes estar no local e pagar parte das despesas.

Paralelamente, precisávamos de um local para a Gaia+. Juntamos as ideias e decidimos encerrar as atividades do espaço para transformá-lo na sede da nossa ONG. Apesar de lógica, foi uma decisão difícil de ser tomada, já que envolvia pessoas que trabalhavam e utilizavam o local. Fechar um negócio já é difícil. Avisar as pessoas é mais ainda.

Ao menos, eu tinha alguma experiência: havia passado por isso quando decidimos mudar os rumos da GaiaFit. Quando é necessário ter essa conversa sobre fechamento de um negócio, procuro agir de forma totalmente transparente e honesta, explicando os motivos da decisão e não entrando em nenhum tipo de conflito. Já demiti muita gente na minha vida, e sempre é difícil. Salvo algumas exceções, é um momento em que você dará uma notícia que a pessoa não quer ouvir.

O ideal é que uma demissão ou o fechamento de um negócio não sejam totais surpresas. Você deve manter sempre um diálogo aberto que venha demonstrando o que não está bom, para que a pessoa tenha a oportunidade de melhorar. Mesmo assim, não é fácil o papo final. Felizmente, por termos pessoas bacanas em nossas empresas, a conversa sobre o fechamento do Espaço Gaia foi bem aceita. Assim como as conversas que tivemos na época de fechamento da GaiaFit, tudo se resolveu.

Procuramos fazer tudo da forma mais suave e sem prejudicar os funcionários e os clientes. O fato de a mudança ter como objetivo a construção de algo que contribuísse para o bem de crianças ajudou o processo.

Minha mãe, que cuidava da organização do espaço, ficou responsável pela Unidade 1 da Gaia+. Como ela já tivera diversas experiências com crianças, tanto em escolas particulares como em ONGs, achamos que seria a pessoa ideal para a função.

Hora do brincar

A ideia original para a Gaia+ era oferecer aulas de português, de matemática e esportes. A turma de pedagogos que estava fazendo o material logo inventou novos nomes para as aulas: Hora do Comunicar (Português) e Hora do Pensar (Matemática).

Apresentamos a ideia para o Nuno Cobra Filho (filho do ex-preparador físico do Ayrton Senna), que adorou nosso projeto e falou que esporte não seria uma boa ideia, pois as crianças eram pequenas, e também teríamos problema de espaço, ou seja, oferecer esportes não seria a melhor forma de atingir o que queríamos. Nuno sugeriu a Hora do Brincar. O objetivo da

Hora do Brincar seria proporcionar às crianças contato com o trabalho em equipe, com a vitória e com a derrota, resgatar as brincadeiras que foram substituídas por *videogames* e celulares.

Resolvemos envolver Volney no projeto, outro grande amigo e ex-monitor do acampamento da minha mãe. Volney é professor de educação física e de turismo em faculdades, monitor de acampamento e autor de dois livros, além de ser uma pessoa espetacular. Ele ficou encantado com o projeto e com o convite para ser o responsável pela Hora do Brincar.

Paralelamente à montagem do material, precisávamos adequar a casa e transformar os espaços de pilates e estética em salas de aula, além de selecionar, contratar e treinar as professoras e coordenar toda a logística.

Em um trabalho incrível da nossa equipe, tudo foi feito adequadamente e no dia 30 de janeiro de 2015 estávamos em Piracicaba, coordenados pelo Dudu, pela Flávia e pelo Volney, prontos para os treinamentos das professoras. Participei como ouvinte e fiquei ainda mais entusiasmado.

Remédio milagroso

Imagine um remédio que promova os seguintes benefícios, sem nenhum efeito colateral:

- melhora a saúde ao reduzir a ativação do sistema nervoso simpático que, por sua vez, dilata os vasos sanguíneos e reduz os hormônios do estresse, como a adrenalina, noradrenalina e cortisol;
- desenvolve o pleno potencial cerebral da pessoa ao aumentar a memória, o foco, a concentração e o QI, enquanto reduz o estresse, a ansiedade e a depressão;
- melhora o desempenho profissional ao reduzir tensão e fadiga, melhora a saúde cérebro-cardiovascular, aumenta a criatividade e reduz os erros.

Certamente tal remédio revolucionaria o sistema farmacêutico global. O mais impressionante é que ele existe e é algo muito mais simples do que se pensa. Todos nós podemos ter esses benefícios (e diversos outros, pois resumi a lista) ao nosso alcance. Como? Praticando meditação. Sou meditante há vários anos e testemunha dos seus benefícios. Não se trata apenas de uma fala minha, os benefícios já foram comprovados cientificamente.

Nada melhor do que levarmos a meditação para o Grupo Gaia, inclusive para nossos gaianinhos (como chamamos os alunos da Gaia+). Para isso, firmamos um convênio com a Sociedade Internacional de Meditação e inserimos na grade horária das crianças o período de meditação (Meditação Transcendental, também conhecida como MT).

Em março de 2015, colocamos piso de borracha em uma das salas de reunião do escritório de São Paulo e marcamos uma palestra sobre meditação. Na realidade, marcamos uma apresentação com um tema-surpresa para não afugentar os céticos. O pessoal só soube na hora qual seria o tema de verdade. Após a palestra, brilhantemente proferida pelo professor Gustavo Cerna, perguntamos quem gostaria de aprender a meditar. Cobramos um preço irrisório, para que dessem valor ao que estavam recebendo, de forma que subsidiamos a maior parte. Para a nossa surpresa, mais de 80% dos gaianos se interessaram. Apesar do desejo de conquistar muitos adeptos, não imaginávamos tamanha aceitação.

O curso dado em quatro dias num horário antes do expediente de trabalho foi um marco em nossa trajetória. Fiquei muito feliz ao ouvir, de cada um dos nossos funcionários que participaram, os benefícios que sentiram logo nas primeiras vezes em que meditaram.

Alegria! Começaram as aulas na Gaia+!

Montamos dois turnos, da manhã e da tarde, e criamos as regras:

- Só participam alunos de escolas públicas.

- Tudo é totalmente gratuito.

- Não há seleção, a matrícula é por ordem de chegada. A heterogenei-dade ajuda no desenvolvimento coletivo e não excluímos ninguém, menos ainda os que não estão indo bem na escola.

- A única exigência é a frequência. Quando ocorrem mais de três faltas não justificadas, abrimos a vaga para outra criança.

- Oferecemos lanche e almoço para todas as crianças.

- Duas aulas de uma hora e quinze minutos de meditação por dia, de segunda a quinta.

Já no primeiro dia de aula, 23 de fevereiro de 2015, havia mais de qua-renta felizes gaianinhos para estrear nosso projeto. Foi mais um sonho que pudemos ver se tornar realidade.

Nesse primeiro dia, a professora da Hora do Comunicar nos mandou a seguinte mensagem (autor desconhecido): "Daqui a cem anos, não im-portará o tipo de carro que eu conduzi, o tipo de casa em que morei, quanto dinheiro eu tinha depositado no banco, nem que roupas vesti. Mas o mundo pode ser um pouco melhor porque eu fui importante na vida de uma criança…".

Virando escritor...

Gostava de escrever textos para a turma da Gaia, mas eram *e-mails* que se perdiam com o tempo.

Até que escrevi um artigo sobre pessoas excepcionais no nosso sexto aniversário e descobri que a rede social LinkedIn tinha um espaço em que as pessoas podiam publicar artigos.

Simplesmente, copiei e colei o *e-mail*, cujo título não era nada chama-tivo, "#Gaia6anos" e não coloquei nenhuma imagem. Alguns meses de-pois aprendi que as duas coisas mais importantes de um artigo são o título e a imagem.

Mesmo assim, o artigo teve mais de trezentas visualizações, dezenas de curtidas e comentários. Me impressionei com o alcance.

Nessa época eu já estava escrevendo este livro e me encantei em poder divulgar ideias de forma tão simples. Era publicar um texto e de repente centenas de pessoas liam, mandavam mensagens. Procurava sempre escrever algo útil e prático, mas com embasamento científico e bom humor.

Em junho de 2015, estávamos com dificuldades para contratar um novo advogado. Certo dia acordei e pensei: "Vou escrever um artigo muito legal e provocativo para atrair advogados".

Em cerca de meia hora escrevi (depois aprendi que os textos ficam muito melhores quando revisamos dias depois) e postei.

Antes de continuar a história, veja como ficou:

Aos advogados…

O mercado de trabalho é cruel. Para ganhar, você tem de lutar muito, suar sangue. A concorrência é cada dia mais forte, por isso, para vc ganhar outros perderão!

Varar a noite trabalhando, deixar a família de lado são necessários para ser um milionário vitorioso. Sacrificar sua saúde em prol do sucesso vai valer a pena quando tiver dezenas de pessoas subordinadas a você e uma Ferrari na garagem.

Se você concorda com tudo isso. Nem precisa ler o resto, pois perderá tempo em que poderia ganhar mais dinheiro… ;-)

Agora, se você é advogado sênior e gostaria de trabalhar em uma empresa que…

- acredita que pessoas felizes trabalham melhor…(e vivem mais, e são mais saudáveis)…

- te deixa trabalhar de calça jeans todos os dias…

- não quer que você vare a noite…

- te estimule a praticar esportes na hora do almoço…

- leva todos (que quiserem) a doar sangue duas vezes por ano... (campanha Sangue Azul)...

- participa de algumas das maiores operações do mercado financeiro...

- faz parte de um grupo de empresa que além do mercado financeiro (imobiliário, agro e outros), atua com cobrança, organização de eventos esportivos dentre outras coisas...

- tem uma ONG (Gaia+), que dá aulas de português, matemática e recreação para crianças carentes, além de refeições...

- ganhou o prêmio de melhor relação com funcionários do país em 2014 (revista Isto É)...

- é uma BCorp...

- tem uma sala de meditação (e deu curso de MT)...

- acredita que ter um profissional com síndrome de Down melhora o ambiente e a saúde da empresa (clique aqui)...

- no meio da crise, em um ano que não está bem, resolveu investir nos seus funcionários...

- vivencia os seus dez valores como o pilar mais importante de tudo o que faz: Pratique a gratidão, Sorria e faça sorrir, Vá além e surpreenda, Viva com garra, Comunique-se sincera e honestamente, Crie valor, gere resultado, Simplifique, faça mais com menos, Fortaleça o grupo, unidos vamos mais longe, Espalhe gentileza, engrandeça as relações e Celebre!

... mande o seu currículo para nós até o dia 15/06/15 no e-mail vip@grupogaia.com.br e no título coloque o valor da Gaia com que vc mais se identifica...

Ou se conhecer alguém bacana, por favor compartilhe...

Muito obrigado!

João"

Apesar de o título ter sido fraco, o resultado foi incrível, mais de 1,5 mil visualizações, centenas de compartilhamentos e o mais importante, centenas de currículos enviados… Mas não foram simplesmente currículos, foram *e-mails* e telefonemas de pessoas querendo mudar de emprego por um ideal, pessoas realmente com muita vontade de trabalhar na Gaia. Foi incrível.

Alguns meses mais tarde, após um enorme processo, concluímos a contratação do Jonathan. Um advogado que aliava o conhecimento jurídico com o jeito Gaia de ser!

O que fazer na crise?

O ano de 2015 estava sendo especialmente ruim para o Brasil em termos econômicos. Então, aproveitei para organizar os processos e trazer ótimas pessoas para a Gaia.

Lendo o livro *Scaling Up* me encantei com as técnicas simples que o autor apresenta para montar estratégias para as empresas. Gostei tanto que mandei um *e-mail* para o autor, Verne Harnish.

Falando em *e-mails* para autores, já havia enviado para o Tony do *Satisfação garantida,* e uma pessoa da equipe dele me respondera de forma superbacana. Com o Verne, do *Scaling Up*, não sabia o que viria.

Para puxar assunto, escrevi um *e-mail* sugerindo que eu poderia ajudar (de graça) na tradução para o português. Ele, de forma surpreendente, respondeu me colocando em contato com o responsável pela expansão internacional.

Dessa forma conheci Juan Folch, que agradeceu, mas disse que a tradução estava quase finalizada. Papo vai, papo vem, aproveitamos uma vinda dele para o Brasil e fizemos um *workshop* na Gaia para implementarmos as ferramentas do livro na nossa empresa.

Uma das principais inovações que implementamos foi uma reunião diária que chamamos de *Daily*, mais bem explicada no apêndice 1.

Influenciando

O LinkedIn tem algumas pessoas, a maior parte renomada, que recebem o título de *influencer*. Tais pessoas passam a ter os artigos muito divulgados na rede.

Quando vi como funcionava, decidi que queria ser um *influencer*, não pelo título, mas para poder divulgar mais as minhas ideias e assim ajudar mais gente, e fui atrás para descobrir o que fazer.

Encontrei no próprio LinkedIn o editor brasileiro da rede social. Eu e Rodrigo trocamos algumas mensagens, mas não consegui convencê-lo a me tornar um *influencer*... Mas valeu a tentativa, pois abri o contato e ele começou a colocar os meus textos nos canais da rede social. Com isso, o número de visualizações disparou!

Até que um belo dia publiquei o texto "6 simples maneiras de influenciar as pessoas (mas use para o bem!)", bem mais atrativo do que aquele primeiro título #Gaia6anos... rs... No meio da manhã recebo uma mensagem do Rodrigo, dizendo que naquele momento meu artigo era o quinto mais lido no mundo!

"Que fantástico", respondi para ele, ainda mais considerando que o artigo era em português, sendo que todos os quatro mais vistos que o meu eram em inglês!

Fiquei superfeliz. Quando entrara no mercado de trabalho, percebi que escrevia muito mal, e quinze anos depois eu era capaz de escrever textos que inspiravam as pessoas. Isso era uma demonstração de que nossos limites são impostos por nós mesmos.

Tudo o que você sabe sobre motivação no trabalho está errado!

Esse foi o título de um dos artigos mais marcantes que escrevi. Além de falar sobre motivação e ir contra o que as empresas praticam, eu fiz uma oferta superoriginal.

Em vez de contar, replico aqui o artigo:

Olá!!!!

Tudo bem??? Hoje vamos falar sobre motivação... e no final bolei uma surpresa... espero que você goste!

Lendo uma matéria do NYT fiquei impressionado!!!

Segundo pesquisa do Instituto Gallup, 90% dos trabalhadores estavam "não engajados" ou "ativamente desengajados" com o seu trabalho. Incrível, 9 em cada 10 pessoas pesquisadas passam a maior parte do seu tempo fazendo algo que não querem...

E o motivo disso é que as empresas e os gestores usam ferramentas erradas para motivar os seus funcionários!

Juntando teoria e prática, vou compartilhar o que realmente funcionou e o que não funcionou comigo na busca por ter pessoas motivadas e engajadas no trabalho.

1. Pagar pelo resultado:

"Faça essa tarefa que vc ganhará R$ 1 mil." Funciona?

Não! Atrelar a tarefa à recompensa no longo prazo não funciona.

A ciência explica...

Um grupo de pesquisadores analisou 3 grupos de crianças que gostavam de desenhar:

Grupo 1: receberiam uma recompensa pelos novos desenhos;

Grupo 2: não foi dito nada, mas receberam uma recompensa após desenharem;

Grupo 3: não receberam recompensa.

Após o experimento ser executado algumas vezes, os Grupos 2 e 3 demonstraram muito mais interesse em desenhar do que o Grupo 1.

O Grupo 1 perdeu o interesse no desenho e só se interessou pela recompensa!

Pense nisso...

"ao dar mais ênfase para a recompensa do que para a atividade, as pessoas perdem o interesse na atividade e só pensam na recompensa."

A partir do momento em que você dá a recompensa, a pessoa sempre irá esperar recebê-la, e cada vez mais.

A política da cenoura e do chicote (colocar a cenoura na frente do coelho e, se ele não andar em direção a ela, chicoteá-lo) não funciona em atividades não rotineiras, pois:

Tira a motivação interna

Diminui o desempenho

Reduz a criatividade

Reduz o bom comportamento

Pode encorajar mentiras, atalhos e comportamento antiético

Conduz a pensamento de curto prazo

"Não devemos dar recompensa?", vc deve estar pensando, bravo comigo se for trabalhador e feliz se for o empresário... rsrs...

Não!!!

A linha base (salários, benefícios) deve ser adequada e justa (se possível até acima da média).

Recompensa externa, como dinheiro, deve ser inesperada e oferecida somente após a tarefa ter sido completada.

Mostrar a recompensa antes irá fazer com que o foco seja a recompensa e não a atividade em si.

2. Premiar inesperadamente:

"Aqui não tem mais bônus, a partir de agora só prêmio." Funciona? Sim! A prática explica...

Partindo da premissa apresentada acima resolvemos inovar na Gaia.

Até 2013, anualmente em fevereiro pagávamos os bônus pelo trabalho do ano anterior.

Tivemos estagiários que achavam que comprariam uma casa com os bônus... o pior é que estagiário nem ganhava bônus...

Como as expectativas eram sempre enormes, a chance de deixar a maior parte das pessoas felizes era baixa.

Em 2014 acabamos com os bônus e criamos os prêmios.

Prêmios são pagos durante o ano, sem qualquer obrigação. Funciona como uma surpresa para quem achamos que merece.

O prazer de bater as metas deve ser a própria sensação de vê-las atingidas e assim obter o reconhecimento. No longo prazo, quem bate mais metas tende a receber mais prêmios, pois são os que mais se destacam.

Por ser inesperado o prêmio gera uma sensação de felicidade muito maior do que o bônus. Pude perceber isso na prática.

O desafio que tivemos foi a subjetividade aparente da premiação, mas é parte do jogo e tem funcionado.

Claro que o prêmio tem um correlação direta com o resultado da empresa. Se o ano não está bom, não tem prêmio!

3. Proporcionar autonomia e desafios:

"O desafio é esse! Vc tem autonomia para fazer como achar melhor!" Funciona?

Sim! A ciência explica...

Quem não gosta de ouvir seu gestor falando isso? (Considerando ser algo desafiador e que vc tenha condições de fazer.)

O senso de autonomia tem um efeito poderoso sobre o desempenho individual e na atitude das pessoas.

"Pessoas boas não gostam de ser microgerenciadas."

Um estudo da Universidade de Cornell descobriu que empresas que estimulam a autonomia cresceram 4 x e tiveram um terço do turnover, se comparadas com as que supercontrolam seus funcionários.

Autonomia é diferente de independência. É possível vc ter autonomia para desempenhar o seu trabalho da melhor forma e ser interdependente dos outros.

Defina aonde quer chegar, dê o apoio necessário e estimule as pessoas a fazerem o seu trabalho da melhor forma que puderem!!!

4. Mostrar o propósito da tarefa:

"Vou te explicar o pq estamos fazendo isso, o propósito!" Funciona?

Muito! A ciência e a prática explicam...

Olha que interessante que encontrei no livro Happier (Tal Ben Shahar)... os faxineiros de um hospital que reconheciam que o seu trabalho era importante eram mais felizes do que os médicos que não consideravam seu trabalho significativo.

Outro estudo legal é do Adam Grant, prof. de Wharton... Ele reuniu um grupo de alunos que pedia doações para o programa de bolsas da universidade e ofereceu para eles uma palestra de um ex-aluno (que havia sido beneficiado pelo programa de bolsas), a qual abordava a importância daquilo à sua vida e a gratidão que sentia.

Só o fato de entenderem o bem que estavam fazendo para futuros alunos fez com que a performance da arrecadação aumentasse 171%.

Não houve nenhuma recompensa financeira adicional, apenas o senso de propósito que fez a produtividade aumentar significativamente.

Na Gaia fizemos um trabalho bem forte para deixar claro o motivo da existência dos nossos negócios, que é algo muito além do que dar dividendos para os acionistas.

Definimos a missão de todas as áreas da empresa, de forma que todos possam compreender a sua importância para o todo.

Tb criamos uma ONG (Gaia+), que hoje ensina de forma dinâmica português (comunicação), matemática (raciocínio), brincadeiras e medi-

tação para crianças carentes, além de dar refeições diárias… com isso, todos sabem que ao trabalharem na Gaia estão contribuindo para algo muito maior, que é a educação das crianças. [Por favor, não olhem isso como uma forma de autopromoção, apenas como exemplo de desenvolver o propósito na empresa e fazer o bem.]

"Os dois dias mais importantes da sua vida são: o dia em que você nasceu, e o dia em que você descobre o porquê." ~ Mark Twain

5. A exceção a tudo isso…

Em atividades rotineiras, que não são muito interessantes e que não demandam muita criatividade, recompensas externas funcionam e podem aumentar a motivação sem ter muitos efeitos colaterais.

Por exemplo: para cada vez que a pessoa carimbar ela ganha R$ 0,01, certamente ela irá carimbar com mais afinco do que se tentarem mostrar o propósito da carimbada… rsrs…

Resumo:

Pagar o funcionário pelo resultado não funciona no longo prazo. A remuneração deve ser adequada (e se possível acima da média).

Premiar inesperadamente gera momentos de felicidade e emoções positivas.

Proporcionar autonomia e desafios são fatores que estimulam os funcionários.

Mostrar o propósito da tarefa é um grande impulsionador!

Faça com que todos façam parte da construção de algo muito maior do que as próprias pessoas.

E vamos mudar essa estatística apresentada pelo NYT… vamos fazer com que 9 em cada 10 pessoas estejam felizes nos seus trabalhos!!!

AGORA A SURPRESA

Quer ter o seu nome citado em um livro?

Precisamos definir a capa do Onda Azul. Quem votar (mesmo que sua opção perca) terá o seu nome nos agradecimentos do livro!

É só colocar nos comentários abaixo o número 1, 2 ou 3, e pode aproveitar para comentar esse artigo (quem quiser tb pode mandar por e-mail).

Tb, se quiser se inscrever na minha newsletter para saber quando publico algo, é só clicar aqui!

Para ver todos os textos que já publiquei, clique aqui.

Muito obrigado por ter lido!!

Forte abraço,

João Paulo Pacifico

Esse artigo superou as 40 mil visualizações, teve mais de mil comentários/votos e 1,5 mil curtidas. A primeira versão *on-line* do livro teve o nome de todos, graças a um enorme trabalho da Aline (da Área VIP), que organizou tudo e enviou uma mensagem para cada pessoa. Sou sempre muito grato a ela!

2016:

7 anos, o novo ciclo

A nova Gaia+

O primeiro ano da Gaia+ foi de muito aprendizado e realizações. Acredito que a energia gerada por essa nossa atitude nos ajudou a passar bem pela crise que assolou o país. Findo o primeiro ano, resolvemos pensar no crescimento.

Dudu, meu irmão, um dos fundadores e coordenador pedagógico da Gaia+, havia saído do seu emprego anterior, e o meu grande desejo era tê-lo como diretor geral da nossa ONG. Mas ficar colocando familiares na empresa, e ainda em posições estratégicas, é algo que pode ser visto de forma negativa, e eu não queria isso. Tenho de ser ainda mais rígido com os familiares.

Falei para o Dudu que queria que ele desenvolvesse um belo projeto, que seria a sua entrada em período integral na Gaia, e ele foi atrás.

Após alguns meses ele conseguiu viabilizar e fechou uma boa captação de recursos: desenvolveu o Gaia+ Cidadania, um projeto que iria impactar milhares de crianças.

O Dudu já havia feito um projeto similar com 2,5 mil crianças que fora um sucesso, ganhara prêmio, e agora executaríamos algo similar pela Gaia+.

Mais do que merecida e justificada a entrada dele na Gaia+ como diretor geral! E começamos a pensar grande, na ampliação dos projetos.

A melhor festa do mundo

As meninas da VIP e eu estávamos organizando a festa de aniversário da Gaia daquele jeito de sempre, sem que ninguém soubesse os detalhes. Mas estava difícil, não queria colocar todos num bar bebendo, procurava algo com mais propósito.

Sem ideias criativas estávamos pensando em levar todos a um bufê infantil, mas eu não estava feliz, queria algo a mais.

Até que a Casa Hope, uma ONG que atende crianças carentes, de fora de São Paulo, que precisam de local para ficar enquanto estão em tratamento de câncer na cidade, veio nos procurar. Não os conhecia, mas adorei o trabalho deles.

"Tive uma ideia, não sei se faz sentido para vocês", eu disse, e completei: "a Gaia fará 7 anos e estamos organizando uma festa, mas queremos algo que tenha um propósito. Podemos organizar a festa na Casa Hope com as crianças?".

"Fantástico, adoramos receber gente e faz muito bem para as crianças", respondeu a representante com um sorriso nos lábios e continuou, "e neste ano não teremos festa de Páscoa, já que tivemos de cortar despesas por conta da crise".

"Fechado!!! Vamos organizar uma superfesta para as crianças da Casa Hope, levar os gaianinhos e os gaianos e ter momentos bem divertidos. Aline, bola com você!", completei.

Nas semanas seguintes, visitamos a Casa Hope, lugar lindo com um trabalho incrível, e a Aline organizou tudo com a turma de lá. Contratação de monitores para animar, comida e decoração.

Até que chegou o grande dia. Alugamos um ônibus e uma *van* que trouxeram a turma de Piracicaba (Gaia+ e Esportes) e outro ônibus para levar os gaianos de São Paulo. Ninguém sabia aonde iríamos.

Confesso que eu tinha um pouco de receio de como seria a reação da turma. No caminho da Gaia até a Casa Hope fui fazendo brincadeiras para descontrair… Ninguém fazia ideia de onde estávamos indo.

Até que chegamos ao local. Um estacionamento enorme, que fica embaixo da casa. Ao entrarmos, os monitores organizaram um grande grito com todas as crianças da Casa Hope e da Gaia+ para nos receber.

Interessantíssimo foi ver a cara dos gaianos ao entrarem, uma mistura de emoção, sorriso e surpresa. Alguns com lágrimas nos olhos, outros sem entender muito o que se passava.

Na primeira brincadeira, para criar um vínculo, separamos ovos de Páscoa e em cada um colocamos o nome de uma criança. Os adultos deveriam descobrir quem era a criança e entregar o ovo.

Nas cinco horas seguintes ficamos brincando, dançando, comendo… momentos em que não importava idade, saúde ou classe social, todos iguais, sorrindo e tendo momentos de extrema felicidade.

Chamamos Lucas e Suzana, da Sagarana, e o Gustavo e a turma da 4You2, empresas-irmãs da Gaia, que ficaram encantados com aquela tarde mágica.

No fim, as crianças nos levaram para conhecer a estrutura da Casa Hope. Foi lindo vê-las explicando como funciona o local, cheias de orgulho, como quem quer mostrar sua casa para um visitante querido.

Por alguns momentos tive de segurar o choro, como quando uma criança, o Erick, mostrou a foto do amigo que havia morrido ou quando as crianças fizeram uma linda apresentação.

Momentos como esse nos fazem refletir e sermos gratos pela saúde e condição que temos. Você imagina um garoto de seis anos que está há quase seis anos só com a mãe em São Paulo, longe de toda a família? E ainda assim é extremamente alegre! Ou a mãe da encantadora Sofia, que raspou a cabeça para ficar igual à filha?

Voltando à nossa realidade, certamente foi a festa mais cheia de propósito que fizemos. Realmente tocou no coração de cada um.

Gaia para o Brasil

Os primeiros sete anos da Gaia foram importantes para fortalecer uma cultura e criar raízes fortes. Provamos para nós mesmos que é possível ter uma empresa bem-sucedida que prega saúde, felicidade e propósito acima de qualquer coisa. Assim, encerramos um ciclo.

O próximo ciclo, iniciado em 18 de março de 2016, exatamente uma semana antes do nascimento da Letícia, minha amada segunda filha, tem como objetivo levar o jeito Gaia de ser para o Brasil! Sonhando e realizando, podemos mudar o nosso mundo, e o de muita gente ao nosso redor!

Perfil dos funcionários

Além dos especialistas que trabalham nos negócios, nesta etapa da empresa em que temos mais um objetivo, que é retribuir para a sociedade o que recebemos, contribuindo para o futuro das próximas gerações, precisamos de pessoas que tenham o ato de servir como uma meta de vida.

Porém, por mais que tenham a característica de ajudar, tais pessoas podem, e devem, ser bem remuneradas. Precisamos separar a motivação de vida dessas pessoas da remuneração que recebem. Mesmo que não sejam movidas pelo dinheiro, é desejável que sempre que possível sejam bem remuneradas. Dessa forma atrairemos grandes talentos para as causas nobres da nossa sociedade.

Reflita: imagine duas pessoas honestas com capacidade e grau de instrução idênticos. Uma quer ganhar muito dinheiro, procura olhar só o seu lado e tirar vantagem das situações. Já a outra tem o prazer de ajudar os outros, dentro das suas possibilidades, sem exigir sempre algo em troca. Qual será mais feliz? Qual será mais realizada? Qual das duas você quer ser?

Empresas retribuindo

1. Colabore com a educação das futuras gerações.

2. Incentive as brincadeiras saudáveis (tanto para os adultos quanto para as crianças).

3. Se necessário, encerre um negócio ou uma empresa. Não se apegue ao ego ou às aparências.

4. Não crie preconceitos com experiências passadas. Não rotule.

5. Conheça pessoas que queiram mudar o mundo.

6. Envolva todo o seu grupo de pessoas em atividades que contribuam para um bem maior.

7. Medite.

8. Considere que satisfação, felicidade, saúde e propósito valem mais do que dinheiro.

9. Faça algum trabalho voluntário (pesquisas mostram que essas pessoas geram, para si mesmas, um acréscimo de satisfação e bem-estar).

10. Sonhe e realize!

Sucesso

Termino este livro com algumas reflexões sobre o que é o sucesso, esse tão comentado objetivo que as pessoas buscam na vida.

John Wooden é considerado o maior técnico da história do basquete universitário norte-americano. O basquete universitário é uma das competições mais fortes daquele país, pois quase todos os jogadores da NBA — a liga profissional — passam pelas universidades. É difícil manter um time competitivo por muitos anos. Os estudantes vão se formando, de maneira que o elenco está sempre em renovação. Ainda assim, John Wooden foi dez vezes campeão no período de doze anos, sendo sete vezes seguidas. Ele também atingiu a incrível marca de 88 vitórias consecutivas.

Para Wooden, sucesso é a paz de espírito proveniente da consciência de que você fez o maior esforço possível para se tornar o melhor dentro do seu potencial. Se o seu time ganhasse, mas não tivesse dado o seu melhor, ele não ficaria satisfeito. Se perdesse utilizando todo o seu potencial, consideraria bem-sucedido o jogo. Certamente essa busca constante pelo limite foi fator decisivo para os seus times terem o sucesso que tiveram.

Para Deepak Chopra, sucesso na vida pode ser definido como uma expansão contínua de felicidade e a realização progressiva de metas valiosas. Ainda, segundo ele, a abundância material, em todas as suas expressões, apenas torna a viagem mais agradável, mas o sucesso inclui saúde, energia e entusiasmo pela vida, relacionamentos gratificantes, liberdade criativa e uma sensação de bem-estar.

É muito comum atrelarem o sucesso aos bens materiais ou às conquistas, mas essa é uma visão simplista. Entre ser rico e ser feliz, sem dúvida, a segunda opção é a melhor. Mas como bem disse Chopra, o dinheiro pode tornar a viagem mais agradável. Eu disse "pode". Nem sempre acontece. Ayrton Senna ponderou: dinheiro é um negócio curioso, quem não tem está louco para ter, quem tem está cheio de problemas por causa dele.

Então, você me pergunta, qual a receita do sucesso?

Aplique a Onda Azul em tudo o que fizer...

- Tenha entusiasmo e fé: todos os dias cultive o brilho no seu olhar e um sorriso nos lábios.

- Faça! Faça o bem para você e sirva aos outros.

- Aprenda: quanto mais souber, mais humildade terá; quanto mais humildade tiver, mais aprenderá.

Repita esse ciclo, infinitamente, sempre!

Algumas palavras sobre futuro

"Seja você quem for, seja qual for a posição social que você tenha na vida, a mais alta ou a mais baixa, tenha sempre como meta muita força, muita determinação e sempre faça tudo com muito amor e com muita fé em Deus, que um dia você chega lá. De alguma maneira você chega lá", disse Ayrton Senna.

Nos próximos anos teremos muitos desafios, continuaremos lutando para manter e criar empresas saudáveis, felizes, com propósito e que contribuam para um mundo melhor, revolucionando a relação entre as empresas e as pessoas. Vivendo cada dia com muita garra, parafraseando Rafael Nadal, "disputando cada ponto como se a nossa vida dependesse dele". Não sei se vamos ganhar, mas garanto que lutaremos.

"O futuro depende da beleza dos seus sonhos", disse Eleanor Roosevelt.

Muito obrigado por ter lido este livro. Desejo que ele tenha proporcionado inspiração para sua vida e sua caminhada. Que elas sejam repletas de saúde, felicidade e propósito.

Apêndice 1

O jeito Gaia de fazer

Nas páginas a seguir, compilamos algumas das atividades que fazemos, muitas das quais já foram apresentadas ao longo do livro. Esses itens servem como um guia para grupos e empresas.

A cada experiência, observação e aprendizado fomos desenvolvendo e aplicando novas atividades na Gaia. Juntas, elas formam o jeito Gaia de ser. Não é algo fixo e eterno, mas um processo contínuo de criação, pois, se não houver mudança, o ser humano se acomoda e reduz o ritmo de sua caminhada.

Acredito que o jeito Gaia de ser já tenha ficado claro, mas, reproduzindo um *e-mail* que enviei a todos os funcionários em agosto de 2014, nossa filosofia de trabalho e de vida pode ser demonstrada a partir de doze pontos.

Gaianos,

tudo bem?

Para auxiliá-los a entender ainda mais a Gaia, seguem 12 pontos…

1. A missão do Grupo Gaia é: desenvolver empresas saudáveis, felizes e com propósito (por isso estamos sempre criando novas Gaias). Cada área/empresa tem a sua missão, que basicamente é o que ela faz.

2. A visão do Grupo é: revolucionar as relações entre as empresas e as pessoas. Cada área/empresa tem a sua visão, que é aonde ela quer chegar (mas é algo que nunca é completado).

3. Os valores da Gaia direcionam nosso comportamento. São o que há de mais importante para o grupo, todos devemos segui-los. Eles garantem a perenidade das empresas.

4. *Todas as pessoas têm prioridades e KPIs, que são os próximos passos em busca da visão de cada área.*

5. *Direcionamento: todo mundo faz parte de alguma área, então, todo mundo tem prioridades para realizar, visão para buscar e missão para fazer, sempre se comportando de acordo com os valores.*

6. *Todos os gaianos podem ser sócios/cotistas por um critério extremamente objetivo. Basta trabalhar na empresa por mais de dois anos e ser aprovado em duas provas para ter direito a opções do Gaia Ação. Ao serem exercidas essas opções, a pessoa terá participação direta nos resultados da Nova Atlantis (holding que é sócia de todas as empresas do Grupo Gaia).*

7. *Na Gaia não há bônus, mas prêmios que dependem da performance e do comportamento de cada um. Os prêmios têm componentes objetivos e subjetivos.*

8. *Na Gaia temos políticas de oferecer cursos, bancamos festas durante o ano, procuramos ter um bom plano de saúde e odontológico, primamos por um ambiente leve, demos camiseta do Brasil na Copa, emprestamos livros, estamos nos credenciando como BCorp, levamos as pessoas para doarem sangue duas vezes por ano, realizamos corridas beneficentes e temos o prazer de contar com um funcionário extremamente especial. Tudo isso por conta da nossa visão.*

9. *Além do Gaia Ação, as pessoas podem se tornar sócias de cada uma das empresas por mérito. São considerados os seguintes aspectos: performance, tempo de Gaia, alinhamento com o futuro da Gaia, maturidade, alinhamento natural com os valores. Apesar de haver critérios, a sua avaliação é subjetiva (pois não vejo como objetivar alguns desses pontos).*

10. *Nenhuma Gaia foi feita para ser empresa de um único dono, mas, sim, para ser perene. A prova disso são esses 9 itens acima.*

11. *Não toleramos fofocas e quaisquer comportamentos destrutivos. Não diferenciamos as pessoas.*

12. Aceitamos os erros, erramos muito, mas não temos nenhum compromisso com eles (se erramos, mudamos e seguimos em frente) e queremos sempre melhorar. Quando mudamos, o intuito é sempre em busca de algo melhor.

Não tenho a menor pretensão de agradar a todos, pois considero que seria maléfico no longo prazo. Procuro agir com o que julgo ser o melhor para o futuro da Gaia.

Espero que isso possa ajudá-los. Qualquer dúvida e sugestão, por favor, me falem... valorizo muito toda tentativa de contribuição.

Beijos e abraços,

João Paulo Pacifico

Abaixo, seguem mais informações e algumas relembranças sobre a maneira como nós, da Gaia, encaramos nosso trabalho e nossa vida.

Valores

Já bastante descritos neste livro, os valores representam como fazemos as coisas. Independentemente do setor de atuação, agimos com os mesmos princípios. Sempre enviamos *e-mails* falando dos valores para nossos funcionários e parceiros. Normalmente atrelamos os valores às conquistas. O nosso jeito de ser está ligado aos resultados que obtemos.

Nas palestras externas que realizamos também aproveitamos para falar dos valores.

Missão

Missão é o que fazemos. Todas as áreas e empresas do Grupo Gaia têm uma missão.

Por exemplo: a missão do Grupo Gaia é "Desenvolver empresas saudáveis, felizes e com propósito". Isso explica a nossa atitude de estar sempre abrindo novos negócios e buscando um ambiente feliz e saudável para todos.

Cada área e empresa tem a sua missão. Por exemplo, a missão da área de estruturação da GaiaSec é: "Ser o elo entre investidores e empreendimentos imobiliários". A missão não é ganhar dinheiro, mas juntar quem tem dinheiro com quem precisa dele.

Visão

Dizemos que visão é onde queremos chegar, aquele lugar inatingível, não muito concreto, mas do qual vislumbramos alguma parte. Funciona como uma espécie de norte, uma indicação, uma orientação.

A visão do Grupo Gaia é: "Revolucionar as relações entre as empresas e as pessoas". Talvez nunca saibamos se estamos revolucionando, mas sempre lutaremos por isso.

Reuniões às segundas-feiras

Toda segunda as áreas das empresas se reúnem por, no máximo, uma hora. O objetivo é monitorar o andamento das atividades, programar a semana e discutir assuntos sobre os quais não tivemos tempo de falar.

Todas as tarefas devem ter um responsável e um prazo. Nas reuniões atualizamos o andamento das atividades. Essas reuniões guiam nossas ações de curtíssimo prazo.

Daily

Uma rápida reunião diária cujos objetivos são: agilizar a tomada de decisões, resolver problemas, corrigir rotas e identificar quem trabalha e quem pega carona.

Funciona assim: todos ficam de pé, para agilizar e ninguém se acomodar, a duração é de até quinze minutos e no máximo oito pessoas participam.

A agenda é bem simples: cada pessoa fala o que será importante nas próximas 24 horas e as dificuldades que está tendo.

É uma ótima ferramenta para detectar conflitos, oportunidades perdidas e o mais importante… elimina muitos *e-mails*.

Prioridade do trimestre e KPI (key performance indicator)

Todas as pessoas têm três prioridades individuais para o trimestre. Tais prioridades não necessariamente dependem só da pessoa para serem atingidas.

Por exemplo: uma prioridade pode ser conseguir dez clientes novos no trimestre. Mas para isso é necessário que o cliente adquira o seu produto.

Então, definimos que o KPI é a atividade que você fará para atingir aquela prioridade. Deve ser algo fácil de mensurar e que conduzirá ao objetivo! No exemplo acima, o KPI poderia ser fazer cinquenta visitas (se houver uma conversão de 20%, a prioridade será atingida).

É como se a prioridade fosse o produto e o KPI o processo para chegar ao produto.

As prioridades não têm relação direta com a remuneração. Isso pode parecer incoerente, mas não é. Como disse anteriormente, estudos mostram que ao atrelar uma atividade à sua recompensa as pessoas perdem interesse na atividade e focam na recompensa, não tendo mais o interesse genuíno na tarefa. O interesse em completar a tarefa deve ser a sensação de realização por ter atingido a meta. Como para o jogador de futebol o gol deve ser a meta e não o salário que ele recebe (eu disse "deve", mas sabemos que muitos jogadores não pensam assim). Procuramos fazer com que cada meta batida seja comemorada, celebrada, e que as pessoas se sintam satisfeitas por isso.

Ao atrelar a remuneração a atividades que exigem criatividade e pensamento crítico, muitas vezes estimulamos as pessoas a procurarem atalhos para atingir a meta, o que pode não ser bom para a empresa no longo prazo. Por exemplo, uma área cuja meta seja fazer dez negócios no ano. Digamos que um dos possíveis negócios não seja tão positivo para a Gaia, mas se a meta dos dez negócios estiver ligada à remuneração da pessoa, ela vai fazer de tudo para aprovar aquilo, mesmo que ao final não seja bom para a empresa. Esse tipo de comportamento é do ser humano, não exerço aqui uma crítica (pois eu também faria assim), é simplesmente uma característica.

Ao fim do trimestre, todas as pessoas apresentam os seus resultados para os demais.

Prêmios

Na Gaia não há bônus, há prêmios. As pessoas trabalham e em contrapartida recebem um salário digno e benefícios, tais como plano de saúde, plano odontológico, vale-refeição e vale-alimentação, dentre outros. Quem se destaca receberá, durante o ano, a qualquer tempo e em qualquer periodicidade, um prêmio que poderá ser financeiro — digamos, três salários — ou não — por exemplo, uma viagem.

O prêmio virá pelo comportamento, pelo esforço e pelos resultados da pessoa. Ela não deve ter expectativa sobre o prêmio, pois esse acontece a qualquer momento, e, inclusive, pode não acontecer. Esse fator-surpresa é muito interessante. Já paguei vários bônus na vida, mas em nenhum as pessoas ficaram tão felizes como nos prêmios que receberam, mesmo que o prêmio tenha sido menor financeiramente.

Como dito antes, ao vincular as metas ao dinheiro, você está passando a mensagem de que o dinheiro é o mais importante. Assim, incentiva atos que podem não ser bons para a empresa no longo prazo. Pesquisas mostram que atrelar remuneração ao trabalho só funciona em atividades repetitivas que não exigem criatividade.

Gaia Ação

Gaia Ação é o nosso programa de opções de cotas da Gaia para os funcionários e executivos. Todos com dois ou mais anos de empresa têm direito. Basta acertar 100% de duas provas, cujas perguntas são as mesmas e previamente conhecidas:

- Quais são os dez valores da Gaia? (Pode ser fora de ordem.)
- Quais são as empresas da Gaia?
- Qual é a missão da sua área?
- Qual é a missão do Grupo Gaia?
- Qual é a visão do Grupo Gaia?

A primeira prova é feita em data previamente divulgada. A segunda é surpresa, pode ser feita a qualquer momento durante o ano.

Ao ser aprovada, a pessoa tem até agosto do ano seguinte para exercer a opção e comprar as cotas. Quem comprar, passa a ter os benefícios de dividendos e de recebimento em caso de venda da empresa. Fizemos de uma forma que as pessoas fiquem blindadas de eventuais problemas que os sócios possam ter.

Todo ano é divulgado o valor da Gaia Ação, com base no valor patrimonial da Gaia. Digamos que a pessoa foi contemplada em 2014 e o valor era R$ 18,50. Em 2015 divulgamos o valor como sendo R$ 19,50. A pessoa tem até agosto de 2015 para pagar R$ 18,50 por Gaia Ação. Se ela não quiser comprar para manter, pode simplesmente comprar por R$ 18,50 e no mesmo dia vender por R$ 19,50, ganhando R$ 1,00 por ação. É claro que ninguém compra uma ação só.

Com isso, possibilitamos que qualquer pessoa do grupo se torne sócia. A Gaia Ação não pode ser vendida para ninguém que não seja o sócio majoritário e, se a pessoa sair, recebe o valor vigente no ano à vista.

Sangue Azul

Duas vezes por ano, em fevereiro e em outubro, fazemos uma campanha de doação de sangue. Incentivamos os gaianos a se vestirem de azul e vamos juntos a um local de coleta. Normalmente é o Hospital Santa Paula.

Além de ficar perto da Gaia, os funcionários são extremamente simpáticos e receptivos.

Fazemos uma certa bagunça no local. Levamos cartazes, adesivos e cartões para dar a quem doa sangue. Tiramos fotos e nos divertimos bastante, enquanto ajudamos muita gente. O sangue de cada doador é utilizado em outras quatro pessoas! Na média, 25% dos gaianos comparecem a cada evento do Sangue Azul.

Gaia Forte

Gaia Forte é uma moeda fictícia que visa premiar quem faz algo bacana, mas que não seja diretamente ligado à atividade principal da pessoa. Por exemplo, quem participa do Sangue Azul ganha um Gaia Forte, quem dá uma aula a outros funcionários da Gaia também ganha. Quem participa de uma prova de corrida da Gaia, desde que não trabalhe na Gaia Esportes, também é contemplado. No fim do ano damos um troféu para quem teve mais Gaia Fortes.

Área VIP

Na Gaia não temos departamento de recursos humanos, temos a Área VIP, que, como já disse, significa *Valores Integrando as Pessoas*. O objetivo dessa área é juntar as duas coisas mais importantes da Gaia, os valores e as pessoas, e fazê-los ficar em sintonia e alinhados.

Papai Smurf da Gaia

A cor da Gaia é o azul. Quando todos nos vestimos com nossas camisetas, parecemos os Smurfs. Disso, surgiu o personagem Papai Smurf da Gaia. Em vez daqueles *e-mails* burocráticos e avisos do RH que as pessoas

mal leem, na Gaia, quem informa grande parte das coisas é o PapaiSmurf@
grupogaia.com.br.

Com uma linguagem infantil e alegre, chamando todos de amiguinhos,
o Papai Smurf da Gaia passa informações, manda recados e brinca com as
pessoas através do texto. O mais legal é ver que as pessoas entram no clima,
comentam, repassam, respondem.

Saliento que não utilizamos o nome Papai Smurf comercialmente nem
exploramos a marca dos Smurfs, cujos direitos autorais são atualmente ad-
ministrados pela empresa belga International Merchandising, Promotion &
Services. É apenas um apelido interno de um ser inexistente.

Sr. Gentileza

Para estimular a gentileza no dia a dia, seguindo o nosso nono valor —
Espalhe gentileza, engrandeça as relações —, criamos o Sr. Gentileza. É um
bonequinho que comprei em um posto de combustíveis numa estrada.
Paguei não mais do que R$ 10, mas ele tem um efeito incrível.

O Sr. Gentileza começa com algum funcionário; no próximo dia de
troca, esse funcionário deve entregar o bonequinho para alguém que lhe
fez alguma gentileza. Os dias de troca são as segundas e quartas. Isso esti-
mula a troca de gentilezas no escritório, pois a qualquer momento quem
fez uma gentileza pode receber o Sr. Gentileza. Só não pode devolver para
a pessoa que lhe entregou. E durante dois dias quem estiver com o Sr. Gentileza deve deixá-lo em cima da sua bancada de trabalho. Quem recebe fica
satisfeito com o reconhecimento, gerando um estímulo positivo dentro da
empresa. Fomentando o velho ditado: "Gentileza gera gentileza".

Comunique-se

Uma vez por semana, durante o ano todo, realizamos o Comunique-se,
uma evolução da antiga avaliação semestral. A cada semana, fazemos com

um grupo diferente de pessoas. A divisão se dá de forma que cada funcionário passará pelo processo a cada três meses.

O Comunique-se é um momento em que a pessoa tem para dizer o que quiser, analisar seu alinhamento com os valores e ouvir conselhos construtivos. É muito importante que as pessoas sejam ouvidas, e não só isso, mas que elas se sintam ouvidas.

Participam do momento o Comunicado (aquele que recebe o *feedback*) e os Comunicadores, que são duas ou três pessoas que interagem com ele, além de um representante da Área VIP. A cada reunião, pelo menos um dos Comunicadores muda, e no seu lugar entra outra pessoa que não participou do momento anterior.

O Comunique-se deve ser realizado em até uma hora e é dividido em:

- Juramento. Todos dizem individualmente: "Prometo me comunicar de forma sincera, honesta e gentil".

- Caso o Comunicado já tenha passado pelo processo, o representante da Área VIP lê para todos o relatório do último encontro.

- O Comunicado tem até 10 minutos para falar como está, dar opiniões sobre seu comportamento e expor as melhorias que busca.

- Em seguida, os Comunicadores analisam o alinhamento do recebedor em relação aos dez valores da Gaia em um papo construtivo.

- Todos falam sobre pontos aos quais o Comunicado deve dar atenção e pontos em que deve buscar melhoria.

- O representante da Área VIP faz um relatório da reunião e envia até o dia seguinte para que os participantes comentem, caso queiram.

Dessa forma, retiramos barreiras e criamos um clima construtivo, mais propenso para o desenvolvimento pessoal. Cabe uma explicação para o motivo do juramento: a ideia é fazer com que as pessoas criem um compromisso consigo mesmas e com os outros que participam daquele momento. Isso as induz a serem honestas na sua comunicação.

O pesquisador Dan Ariely, com um grupo de outros pesquisadores da Universidade da Califórnia em Los Angeles, fez uma pesquisa interessante. Eles dividiram estudantes em três grupos e propuseram um teste com vinte problemas. Para cada acerto, cada grupo ganhava 10 dólares.

O grupo 1 não tinha chances de "colar", ou seja, não podia consultar qualquer tipo de material durante a prova. Os participantes desse grupo acertaram, na média, 3,1 problemas. Para o grupo 2, os pesquisadores pediram que os estudantes se lembrassem de dez livros que haviam lido no colégio, e na folha onde deveriam transcrever as respostas havia um indicador com os resultados corretos, de forma que eles tinham condições de colar, apesar de não ser permitido. Esse grupo acertou 33% a mais (que foi inferido como o percentual de alteração das respostas, isto é, de "cola") que o grupo 1.

Já para o terceiro grupo, os pesquisadores pediram que lembrassem os Dez Mandamentos antes de começarem a responder. Esse grupo também tinha os resultados corretos na folha de respostas. Então, tinha condições de colar. Apesar disso, o terceiro grupo teve o mesmo nível de acerto do primeiro. Mesmo que quase nenhum participante tenha se lembrado de todos os mandamentos, o simples fato de terem pensado em algo ligado à honestidade fez com que as pessoas fossem mais honestas naquele momento e não colassem.

Apesar de os grupos pesquisados não serem ligados a religiões, os pesquisadores resolveram testar se isso teve influência e fizeram um novo teste, desta vez no Massachusetts Institute of Technology (MIT). Neste caso, pediram para o terceiro grupo assinar a declaração: "Sei que este estudo está vinculado ao código de honra do MIT".

O resultado foi o mesmo: o segundo grupo teve o maior acerto (provavelmente colou) e os grupos um e três tiveram o mesmo nível de acertos. O efeito da assinatura é muito interessante, principalmente pelo fato de o MIT não ter um código de honra.

O que os dois estudos comprovam é que só o fato de pensar em honestidade já faz com que as pessoas se comportem honestamente. Por isso, o juramento antes do Comunique-se: "Prometo me comunicar de forma sincera, honesta e gentil".

Almoço esportivo de duas horas

É importante estarmos sempre criando novidades para que as pessoas não estacionem na zona de conforto e percam o interesse. Um dos desafios dos líderes é buscar manter acesa a chama de sua equipe. Uma pessoa com vontade, que gosta do que faz e tem orgulho de sua empresa produz muito mais no mesmo período de tempo do que aquela que apenas diz: "Vou lá, faço o meu trabalho e volto pra casa; não gosto muito, mas sou dedicado".

Ao ler o livro *The Way We're Working Isn't Working*, compreendi a importância de "recarregar a bateria" para o aumento do nosso desempenho. Além do sono e da alimentação, o esporte é um grande aliado da saúde. No livro, o autor Tony Schwartz diz que produzimos melhor em ciclos de 90 a 120 minutos e que a parada entre eles é importante para que o próximo ciclo também seja produtivo.

Partindo desse princípio, e da minha paixão por esporte, criamos o almoço de duas horas.

Funciona assim: três vezes por semana qualquer um da empresa pode almoçar das 12h00 às 14h00 seguindo algumas regras:

- estar em dia com as atividades;
- chegar à Gaia até as 9h30 para começar a trabalhar;
- compensar o horário no fim do dia;
- usar o tempo para alguma prática esportiva (além do próprio almoço).

Quem não usar o almoço esportivo, ainda assim, tem um dia por semana para fazer o almoço de duas horas.

Com isso proporcionamos saúde para as pessoas, o que as deixam mais satisfeitas. Todos ganham, inclusive a Gaia.

Incentivos nas corridas

Todos os gaianos podem correr nas provas da Gaia Esportes sem pagar nada. E em qualquer outra corrida, pagamos 50% da inscrição se a pessoa correr pela equipe Grupo Gaia com uma camiseta da empresa.

Meditação

Todos na Gaia, quando quiserem, podem ir à Sala de Meditação que fica no nosso escritório. Vinte e poucos minutos certamente deixam as pessoas mais energizadas para produzir mais e melhor no transcorrer do dia.

Festa de fim de ano

Celebre é o décimo valor da Gaia. Não há ocasião melhor para comemorar do que um belo evento. Todos os anos organizamos uma festa de fim de ano. Vamos para algum local e passamos o dia.

Fazemos surpresa, de modo que as pessoas só descobrem no dia. Isso tem dois benefícios: geramos uma expectativa positiva no pessoal e ninguém reclama antecipadamente.

A democracia na organização de eventos corporativos é algo extremamente difícil. Já tentei deixar isso na mão de um grupo com pessoas de várias áreas, porém o tempo e a energia despendidos não compensaram. Alia-se a isso o fato de, sem um controle mais rígido ou constante, poderem errar na mão e os custos ultrapassarem o esperado.

No ano de 2013, como já indiquei, ninguém sabia onde iríamos passar o dia. Ao entrarmos no ônibus, avisamos que faríamos uma visita a uma usina de açúcar e álcool em homenagem aos negócios que havíamos fechado nesse setor. O pessoal acreditou. Tentaram fingir que gostaram da ideia. Foi engraçado vê-los fazendo elogios, forçando um entusiasmo pelo passeio à usina. Até que o ônibus parou em frente ao parque aquático Wet'n Wild.

Em 2012 fomos a um clube náutico na represa de Guarapiranga. Sempre procuramos ir a um lugar diferente, só precisa ser um local onde as pessoas possam se divertir e celebrar.

Gaia Evolução

Cada pessoa recebe uma ficha por trimestre, que será o seu guia durante o período. A essa ficha damos o nome de Gaia Evolução e tem os seguintes campos:

- Prioridade 1:   KPI:
- Prioridade 2:   KPI:
- Prioridade 3:   KPI:
- Saúde:
- Livros:
- Ajuda:

Explicando...

Prioridade: o que a pessoa quer atingir/conquistar.

KPI (*key performance indicator*): a atividade que fará para atingir aquela prioridade. Deve ser algo fácil de mensurar e que conduza ao objetivo!

Livros: quantos livros a pessoa irá ler no trimestre? Ler é uma ferramenta fantástica de desenvolvimento. Cada um define quantos livros irá ler (deve ser no mínimo um livro).

Ajuda: cada um define uma meta de ajuda ou voluntariado. Pode ser se aproximar de alguém (amigo, familiar), ouvir mais as pessoas, fazer trabalho voluntário, doar roupas...

Segundo estudo de dois cientistas de Harvard publicado em janeiro de 2016 no *Social Science and Medicine*, pessoas que fazem atividades voluntárias se cuidam mais e, consequentemente, ficam menos internadas em hospitais.

Ao ajudar os outros, a pessoa desenvolve o seu propósito, se motiva e conquista mais coisas.

Na Gaia fizemos o programa Gaiano-Gaianinho, em que cada gaiano troca ideias e correspondências com um gaianinho, que são os queridos alunos Gaia+.

Apêndice 2

Livros que indico:

ACHOR, SHAWN. *O jeito Harvard de ser feliz*. São Paulo: Saraiva, 2014.

ARIELY, DAN. *Previsivelmente irracional*. Rio de Janeiro: Elsevier Técnico, 2008.

BEN-SHAHAR, TAL. *Seja mais feliz*. Ribeirão Preto: Academia da Inteligência, 2008.

BRANSON, RICHARD. *Business Stripped Bare*: adventures of a Global Entrepreneur. Virgin Books, 2010.

BRAUN, ADAM. *The Promisse of a Pencil*: how an Ordinary Person Can Creat Extraordinary Change. Scribner, 2014.

CHOPRA, DEEPAK. *As sete leis espirituais do sucesso*. Rio de Janeiro: Best Seller, 2009.

COVEY, STEPHEN. *Os sete hábitos das pessoas altamente eficazes*. Rio de Janeiro: Best Seller, 2009.

EMMONS, ROBERT. *Agradeça* e *seja feliz*! Rio de Janeiro: Best Seller, 2009.

CSIKSZENTMIHALYI, MIHALY. *Flow*: the Psychology of Happinnes. Ebury Digital, 2013.

GRANT, ADAM. *Give and Take*: a Revolutionary Approach to Success. Viking, 2013.

GRANT, ADAM. *Originals*: how Non-Conformists Move the World. Viking, 2016.

GUISE, STEPHEN. *Mini Habits*: smaller Habits, Bigger Results. CreateSpace, 2013.

HARNISH, VERNE. *Scaling Up*: how a Few Companies Make It... and Why the Rest Don't. Gazelles, 2014.

HSIEH, TONY. *Satisfação garantida*: no caminho do lucro e da paixão. Rio de Janeiro: Thomas Nelson Brasil, 2013.

KIM, W. & MAUBORGNE, RENE. *A estratégia do oceano azul*. Rio de Janeiro: Elsevier Acadêmico, 2005.

LOGAN, DAVE; KING, JOHN; FISCHER-WRIGHT, HALEE. *Tribal Leadership*: leveraging Natural Groups to Build a Thriving Organization. HarperBusiness, 2012.

PINK, DANIEL H. *Motivação 3.0*: os novos fatores motivacionais para a realização pessoal e profissional. Rio de Janeiro: Elsevier Técnico, 2010.

RUIZ, DON MIGUEL. *Os quatro compromissos*: o livro da filosofia tolteca. Rio de Janeiro: Best Seller, 2005.

SCHULTZ, HOWARD. *Dedique-se de coração*. São Paulo: Negócio Editora, 1999.

SCHWARTZ, TONY. *The Way We're Working Isn't Working*: the Four Forgotten Needs That Energize Great Performance. Free Press, 2010.

SELIGMAN, MARTIN E. P. *Aprenda a ser otimista*. Rio de janeiro: Best Seller, 2005.

SELIGMAN, MARTIN E. P. *Florescer*: uma nova e visionária interpretação da felicidade e do bem-estar. Rio de Janeiro: Objetiva, 2012.

Apêndice 3

Agradecimentos

Este livro não teria sido possível sem uma infinidade de pessoas. Já me adianto e me desculpo com aqueles que não são mencionados nominalmente, minha memória não é das melhores e o espaço é restrito.

Começo com as minhas três maiores preciosidades. Agradeço à Beatriz, cujo nome não poderia ser mais apropriado, aquela que traz felicidade; à Letícia, alegria não só no nome, mas na sua presença. Ambas são hoje as maiores realizações da minha vida. E à Carol, a minha grande companheira nesta jornada, que amo incondicionalmente e a quem sou eternamente grato.

Ao meus pais, Paulo e Naira, que me formaram, educaram e até hoje me apoiam em todos os momentos. Ao Dudu, o meu ídolo, com quem tenho a sorte de poder conviver e agora trabalhar. À Gabi, que, além de cuidar da nossa parte esportiva e ajudar na ONG, tem o maior coração que conheço. À Carolzinha, por cuidar do Dudu e sempre estar ao nosso lado com sua doçura, e ao Anderson (Carpete), amigo que possui umas das mentes mais brilhantes que conheço, além de um caráter ímpar. Aos meus amados sobrinhos Gustavo e Fernanda. Nesse núcleo, ainda cito tia Neusa e tio Hélio, sogros queridos que cuidam de mim como um filho.

Aos meus avós. Tenho a sorte de conviver até hoje com três: Nino, Nelson e Neide. Eles mantêm a família unida. Aos tios, tias e primos. Não citarei todos, mas sintam-se homenageados. Ao tio Nelsinho, que me aconselhou em momentos importantes. Ao Lucas, um primo que considero um gênio na criação (inclusive esta capa foi feita por ele), mas dou ainda mais valor para o ser humano fora de série que ele é. Minha gratidão!

À Sagarana, que além do Lucas é conduzida pela querida Suzana e pelo Guilherme, que nos acompanha desde sempre.

Aos escritórios de advocacia, parceiros em diferentes épocas. Menção especial a Alexandre Assolini, Juliano Cornacchia e Sérgio Venditti, que foram fundamentais no início da Gaia, além do grande amigo Renato Buranello, que, com o Thiago Giantomassi, nos auxiliou muito nos últimos anos. A Murilo Sano, que, com a turma do COS, foi fundamental para a GaiaServ. Agradecimento para a turma nota mil da Czarnikow, que nos ensinou tudo sobre açúcar e álcool.

Aos amigos Henry Lowenthal e a Leo Paranaguá, que não são da Gaia, mas com quem tenho a chance de poder trabalhar e dar muitas risadas, e aos jornalistas Carol e Vinicius, cujo vínculo pessoal superou o profissional. Ao tio Leone, pela dedicação em trazer novos negócios para a Gaia.

Aos amigos do Banco do Brasil, em especial a Paula e as duas Marianas. À turma do BTG Pactual, do CSHG e do Banco Fator, principalmente ao Valdery por ter acreditado na Gaia quando não éramos nada.

Aos meus antigos empregadores: Rio Bravo, Matone e ex-chefes, Nick, Eoin, Fábio, PC, Paulo Bilyk, Luiz Eugenio, Luis Claudio e Glauber.

À turma do SistemaB, responsável pelo BCorp no Brasil, que, além de fazer um trabalho excepcional, me proporcionou conhecer pessoas incríveis, como o Gustavo Fuga, da 4you2. Falando em pessoas incríveis, além do Gus, cito o meu amigo Fábio Gordilho, que vai nos ajudar a mudar o mundo.

A todos os gaianos e ex-gaianos, aqui representados por aqueles que estão há mais de três anos e meio (metade da vida da Gaia) com a gente: Aline, Natalia, Emerson, Sandra Paes, Shyton, William, Lucas, Renatinho, Jefferson e Lenira (Gabi e mãe já citadas). Abro uma exceção para agradecer Vinicius, Fernanda, Bira e Augusto.

Não posso deixar de falar dos grandes amigos de infância que me acompanham por mais de trinta anos: Emerson, Junior, Tiago, Dudu, Ricardo, Flávia e Marta (e hoje com respectivos companheiros e filhos).

Por fim, aos novos amigos que possibilitaram que este livro fosse concluído: Leonardo Villa-Forte, Nilson Sobrinho, Jacira e o gaiano Clebinho.

Meu muito obrigado a todos vocês. Este livro tem muito mais de vocês do que de mim!

A Onda Azul não acaba aqui.

Continue nos acompanhando em nossos canais:

YouTube: *Onda Azul*
Facebook: *Grupo Gaia*
LinkedIn: *João Pacifico*